Training für defensive und halboffensive Abwehrkooperationen im Handball
60 Übungen – Vom 1gegen1 über die Kleingruppe bis zur Abwehr im Team

Vorwort

Gute Abwehrarbeit ist eine Grundvoraussetzung für modernes Handballspiel. Dabei geht es nicht nur um das Verhindern von Torerfolgen, sondern auch darum, aktiv Bälle zu gewinnen und so das eigene Tempospiel einzuleiten. Der Angriff soll permanent unter Druck gesetzt und so zu Fehlern gezwungen werden.

Die Übungen in dieser Sammlung befassen sich zunächst mit den individuellen Grundlagen für die Abwehrarbeit. Die individuelle und positionsspezifische Ausbildung ist der Ausgangspunkt für die späteren Abwehrkooperationen und gibt die Möglichkeiten für die Wahl des geeigneten Systems vor. Übungen zu Beinarbeit, zur Abwehr im 1gegen1 und zur Absicherung des Kreisläufers, kombiniert mit Umschalten in Folgeaktionen, sind ebenso Grundlagen wie Blocken und das Antizipieren innerhalb einer aktiven Abwehr auf den Außenpositionen.

Im zweiten Teil befasst sich die Sammlung mit der Kooperation in der Kleingruppe mit Übergeben/Übernehmen in der Breite und Absprachen bei der gemeinsamen Abwehrarbeit gegen den Kreisläufer.

Im dritten Kapitel werden die Kooperation im Team im 6:0, 5:1, 3:2:1 und 4:2 erarbeitet und mögliche Varianten vorgestellt.

Lassen Sie sich von den Übungen inspirieren, Ihre eigene Idee eines Abwehrkonzepts zu entwickeln und die Stärken der eigenen Abwehrspieler optimal in der Kooperation zu nutzen.

Impressum
1. Auflage (09.05.2018)
Verlag: DV Concept
Autoren, Design und Layout: Jörg Madinger, Elke Lackner
ISBN: 978-3-95641-208-0

Diese Publikation ist im Katalog der **Deutschen Nationalbibliothek** gelistet, bibliografische Daten können unter http://dnb.de aufgerufen werden.

Das Werk und seine Bestandteile sind urheberrechtlich geschützt. Nachdruck, auch fotomechanische Vervielfältigung jeder Art, Einspeicherung bzw. Verarbeitung in elektronischen Systemen bedarf des schriftlichen Einverständnisses des Verlags.

Training für defensive und halboffensive Abwehrkooperationen im Handball
60 Übungen – Vom 1gegen1 über die Kleingruppe bis zur Abwehr im Team

Inhalt:

Nr.	Name	Anzahl	Schwierigkeit	Seite
Kategorie: Individuelle Grundlagen				
1. Allgemeine Übungen zu Beinarbeit und Abwehrgrundbewegungen				
1	Abwehrgrundlagentraining mit Seilen	4	★	6
2	Torhüter einwerfen mit Beinarbeit in der Abwehr	8	★	7
3	Aktives Heraustreten an den Ballhalter im 3gegen4	2	★★	9
4	Reaktionstraining mit aktivem Heraustreten auf den Ballhalter	8	★★	10
5	Heraustreten und Zurücksinken beim Torhüter-Einwerfen	8	★★★	11
6	Heraustreten und Zurücksinken auf der HL/HR-Position	8	★★★	12
2. Übungen zur Aufnahme von Körperkontakt				
7	Aus dem 6-Meter-Raum schieben / Ausbruch verhindern	8	★★	13
8	Im 2gegen1 einen Angreifer am Durchbruch hindern	8	★★	15
9	Im 3gegen1 oder 2gegen1 einen Angreifer am Durchbruch hindern	8	★★	16
3. Abwehraktionen im 1gegen1				
10	Ballgewöhnung mit 1gegen1	3	★★	18
11	Grundbewegungen und 1gegen1	3	★★	19
12	1gegen1 ohne Ball mit schnellem Umschalten	9	★★	20
13	1gegen1 ohne Ball mit schnellem Umschalten 2	9	★★	21
14	4-mal 1gegen1	8	★★	22
15	1gegen1 aus einer Vorübung	8	★★	23
16	Mehrere 1gegen1-Aktionen hintereinander	8	★★	24
17	1gegen1 im Kontinuum mit schnellem Umschalten	10	★★	26
18	1gegen1 nach athletischer Vorübung	10	★★★★	27
4. Absicherung des Kreisläufers				
19	Absicherung des Kreisläufers	6	★	29
20	Innenkreis-Außenkreis mit Absicherung des Kreisläufers	9	★★	30
21	Abschirmen des Kreisläufers	8	★★	31
22	1gegen1 und Abschirmen des Kreisläufers	12	★★★	32
23	Grundbewegungen, 1gegen1 und Kreisabsicherung auf RL und RR	8	★★★	33
5. Blocken in Abstimmung mit dem Torhüter				
24a	Blocken im Wurfarmeck aus der Bewegung	10	★★★	35
24b	Blocken im kurzen Eck aus der Bewegung	10	★★★	36
25	Blocken im Anschluss an eine 1gegen1-Aktion	10	★★★	37

Nr.	Name	Anzahl	Schwierigkeit	Seite
26	Blocken nach einer 1gegen1-Aktion mit einer Kreuzbewegung für den Angriff	10	★★★	38
27a	Blocken in Absprache mit dem Torhüter	10	★★★★	39
27b	Blocken in Absprache mit dem Torhüter	10	★★★★	40
6. Aktive Außenabwehr				
28	Außenpressing	8	★★	42
29	Aktiver Gegenaußen	8	★★	43
30	Außenpressing und aktiver Gegenaußen	8	★★	44
31	Außenpressing mit 1gegen1	9	★★	45
32	1gegen2 auf der Außenposition verteidigen	8	★★★	46
Kategorie: Arbeit in der Kleingruppe				
1. Zusammenarbeit in der Breite				
33	2gegen2 mit schnellen Wechseln	6	★★	47
34	3gegen3	10	★★	49
35	3gegen3 im Überschlag	9	★★	51
36	1gegen1 und 2gegen2 kombiniert	7	★★	52
37	2gegen2 mit schnellem Umschalten	7	★★	54
2. Zusammenarbeit in der Tiefe				
38	2gegen2 – Abwehr gegen Rückraum und Kreisläufer	8	★★	55
39	2gegen2 gegen Sperre-Absetzen in zwei Varianten	9	★★	56
40	1gegen1 und 2gegen2 in der Tiefe	10	★★	57
41	Abwehr gegen Außen, Rückraum und Kreisläufer im 3gegen3	10	★★	59
Kategorie: Kooperation im Team				
1. 6:0-Abwehr				
42	5gegen5 – 1gg1 verteidigen und helfen	11	★★★	60
43	Arbeit gegen den Kreisläufer im Mittelblock (Unterzahlabwehr)	9	★★★	61
44	Arbeit im Mittelblock einer defensiv stehenden 6:0-Abwehr	13	★★★	63
45	Arbeit im Mittelblock einer offensiv agierenden 6:0-Abwehr	11	★★★	64
46a	Arbeit auf den Außenpositionen in einer offensiv agierenden 6:0-Abwehr – Vorübung	10	★★★	66
46b	Arbeit auf den Außenpositionen in einer offensiv agierenden 6:0-Abwehr – Hauptübung	10	★★★	69
47	Arbeit in einer offensiv agierenden 6:0-Abwehr – Zusammenbau der Übungen 45, 46a und 46b	11	★★★	71

Nr.	Name	Anzahl	Schwierigkeit	Seite
2. 5:1-Abwehr				
48	Arbeit Vorne-Mitte in einer 5:1-Abwehr	8	★★	72
49	Arbeit im Mittelblock einer 5:1 Abwehr	11	★★★	73
50	5:1-Abwehr mit offensiven Gegenaußen im 5gegen5	11	★★★	75
51	5:1-Abwehr mit offensiven Gegenaußen im 6gegen6	13	★★★	77
3. 3:2:1-Abwehr				
52	Vorübung zur 3:2:1-Abwehr im 3gegen3	10	★★	78
53	Vorübung zur 3:2:1-Abwehr im 4gegen4	8	★★	79
54	Vorübung Einläufer aus dem Rückraum und Übergang auf 4:2	12	★★★	80
55	3:2:1-Abwehr mit Übergang auf 4:2 bei Einläufer	13	★★★	81
56	3:2:1-Abwehr ohne Übergang auf 4:2 bei Einläufer – Vorübung im 3gegen3	11	★★★	83
57	3:2:1-Abwehr ohne Übergang auf 4:2 bei Einläufer – 4gegen4	9	★★★	84
4. 4:2-Abwehr				
58	Laufwege vordere Abwehrreihe	10	★★★	86
59	Laufwege vordere Abwehrreihe und offensiver Gegenaußen	10	★★★	87
60	4:2-Abwehr im Team	13	★★★	88

Anmerkung des Autors

Weitere Fachbücher des Verlags DV Concept

Training für defensive und halboffensive Abwehrkooperationen im Handball
60 Übungen – Vom 1gegen1 über die Kleingruppe bis zur Abwehr im Team

Legende:

Nr. 3	Aktives Heraustreten an den Ballhalter im 3gegen4	7	★★
Benötigt:	9 Hütchen, ein Ball		

✗	Hütchen
🎱	Ballkiste
▬	dünne Turnmatte
▬	Turnbank
⎸	Fahnenstange
🦺	Leibchen
▬	Pommes (Schaumstoffbalken)

Die Übungen in diesem Buch sind in folgende Schwierigkeitsstufen eingeteilt:

★: Die Übung kann von Anfängern und Fortgeschrittenen gleichermaßen durchgeführt werden und erarbeitet elementare Grundlagen der Abwehrarbeit.

★★: Die Übung erfordert einige Vorkenntnisse, kann jedoch mit entsprechender Steuerung von allen Altersklassen durchgeführt werden.

★★★: Die Übung arbeitet mit erhöhter Komplexität und setzt voraus, dass Grundlagen bereits beherrscht werden.

★★★★: Aufgrund erhöhter Komplexität und Voraussetzung von athletischen Grundlagen sollte diese Übung mit gut ausgebildeten Spielern, vor allem im Leistungsbereich, absolviert werden. Vier Sterne werden auch vergeben, wenn die Übung ein spezielles Abwehrsystem voraussetzt, das erst in höheren Altersklassen angewendet werden sollte.

Kategorie: Individuelle Grundlagen

1. Allgemeine Übungen zu Beinarbeit und Abwehrgrundbewegungen

Nr. 1	Abwehrgrundlagentraining mit Seilen	4	⭐
Benötigt: Je 2er-Gruppe 4 Hütchen und 2 Seile (ohne harte Griffe)			

Aufbau:
- Die Spieler bilden 2er-Gruppen.
- Pro Gruppe mit Hütchen ein Feld abgrenzen oder vorhandene Felder auf dem Hallenboden nutzen.

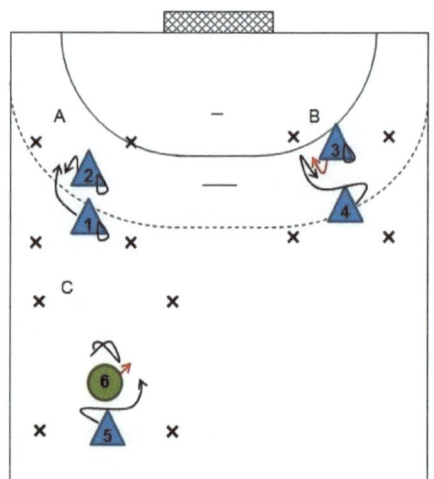

Ablauf 1 (A):
- Jeder der beiden Spieler hat ein Seil 1–2-mal zusammengelegt und hinten in die Hose gesteckt.
- Auf Pfiff des Trainers starten alle 2er-Gruppen gleichzeitig und jeder Spieler versucht, seinem Gegenspieler das Seil aus der Hose zu ziehen.
- Gelingt dies einem Spieler, bevor der Trainer wieder pfeift (nach 20 Sekunden), bekommt er einen Punkt. Der andere Spieler macht 10 Hampelmannbewegungen.
- Nach der ersten Runde wechselt ein Spieler jedes 2er-Teams im Uhrzeigersinn ins nächste Feld und der Ablauf wiederholt sich mit neuen Paaren.
- Welche Spieler haben am Ende die meisten Punkte?

Ablauf 2 (B):
- Nur ein Spieler jedes 2er-Teams hat ein Seil 2 mal zusammengelegt und hinten in die Hose gesteckt.
- Auf Pfiff des Trainers starten alle Spieler ohne Seil gleichzeitig und versuchen, so schnell wie möglich dem Partner das Seil zu klauen.
- Gelingt dies einem Spieler, ruft er laut „STOPP".
- Der Spieler, der zuerst das STOPP-Kommando gibt, gewinnt einen Punkt.
- Die Spieler ohne Seil wechseln im Uhrzeigersinn ins nächste Feld und der Ablauf startet erneut.
- Nachdem jeder Spieler ohne Seil einmal gegen alle Spieler mit Seil an der Reihe war, gewinnt der Spieler, der die meisten Punkte hat.
- Dann wechseln die Aufgaben, d. h. die Spieler, die bisher ohne Seil waren, nehmen die Seile und die anderen Spieler versuchen einmal in jedem Feld, das Seil als erstes zu klauen.

Ablauf 3: (C):

- In jedem Feld wird ein Seil in der Mitte zusammengelegt auf den Boden gelegt.
- Ein Spieler beginnt in jedem Feld als Abwehrspieler, einer als Angreifer.
- Auf Pfiff des Trainers starten alle Angreifer und versuchen, so schnell wie möglich das Seil aufzunehmen.
- Die Abwehrspieler versuchen, dies so lange wie möglich zu verhindern.
- Nach 20 Sekunden pfeift der Trainer erneut. Alle Spieler, die das Seil bis dahin aufgenommen haben, bekommen einen Punkt, und alle Abwehrspieler, bei denen das Seil noch liegt, bekommen auch einen Punkt.
- Dann wechsen die Aufgaben (Angreifer/Abwehrspieler) in jedem Feld.
- Nach zwei Durchgängen wechselt ein Spieler aus jedem Feld im Uhrzeigersinn ins nächste Feld und der Ablauf startet erneut mit neuen Paarungen.
- Welche Spieler haben am Ende die meisten Punkte?

Nr. 2	Torhüter einwerfen mit Beinarbeit in der Abwehr	8	★
Benötigt: Ausreichend Bälle			

Aufbau:
- Zwei Spieler starten in der Abwehr, die anderen verteilen sich mit Ball an der 9-Meter-Linie.

Ablauf:
- ① startet auf Linksaußen, tritt nach vorne und berührt den Ball, den ▲1 nach vorne hält, zieht sich dann schnell an den 6-Meter-Kreis zurück, tritt nach vorne und berührt den von ▲3 präsentierten Ball usw. (A).

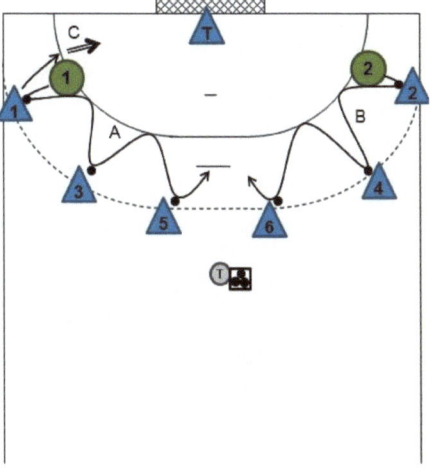
(Bild 1)

- ② startet den Ablauf etwas zeitversetzt auf der rechten Seite (B).
- Sobald der Ball von ① berührt wurde, startet ▲1 in Richtung Tor und wirft nach links auf das Tor (C).

- Im Anschluss wirft ② (D), nachdem ② den Ball berührt hat, nach rechts auf das Tor.
- Die anderen Spieler folgen jeweils abwechselnd mit Würfen nach links und rechts (E) nach Vorgabe (hoch, tief, halbhoch).
- Wenn ① alle Bälle berührt hat, bekommt er einen Ball vom Trainer (F) und wirft ebenfalls nach links (H); ② erhält einen weiteren Ball vom Trainer (G) und wirft nach Vorgabe nach rechts (J).

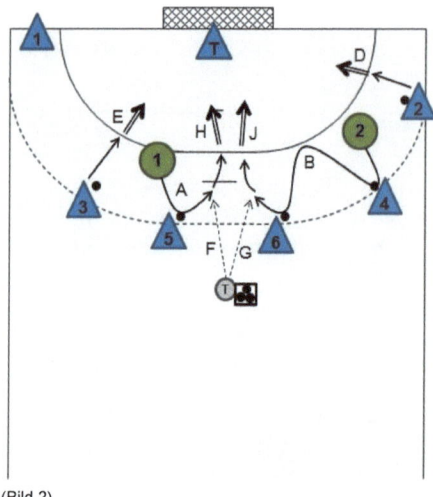

(Bild 2)

⚠ Im nächsten Wurfdurchgang die Abwehrspieler tauschen.

⚠ Darauf achten, dass die Abwehrspieler sich nach dem Berühren der Bälle komplett an den 6-Meter-Kreis zurückziehen, bevor sie zum nächsten Ball starten.

⚠ Die Werfer müssen darauf achten, dass für den Torhüter ein Rhythmus entsteht und er die Bälle auch erreichen kann. Eventuell müssen sie etwas verzögern, nachdem der Abwehrspieler den jeweiligen Ball berührt hat.

(Bild 3)

(Bild 4)

| Nr. 3 | Aktives Heraustreten an den Ballhalter im 3gegen4 | 2 | ★★ |

Benötigt: 9 Hütchen, ein Ball

Aufbau:
- Vier Hütchentore in diagonalen Ecken und ein Hütchen in der Mitte eines geeigneten Feldes aufbauen (s. Bild).

Ablauf:
- 1 stößt zwischen die beiden Hütchen (A). 1 tritt ihm aktiv entgegen (B) und schiebt ihn leicht zurück.
- 1 passt zu 2 (C), der zwischen die Hütchen anstößt (D) und in die Wurfauslage geht. 2 tritt 2 entgegen (E) und schiebt ihn leicht zurück.
- 2 passt zu 3 (G), der zwischen die Hütchen anstößt. 3 tritt 3 entgegen (H) und schiebt ihn leicht zurück.
- Inzwischen hat 1 sich zurückgezogen und das Hütchen in der Mitte berührt (F). 3 passt zum anstoßenden 4 (J), und 1 tritt auf 4 heraus (K) usw.

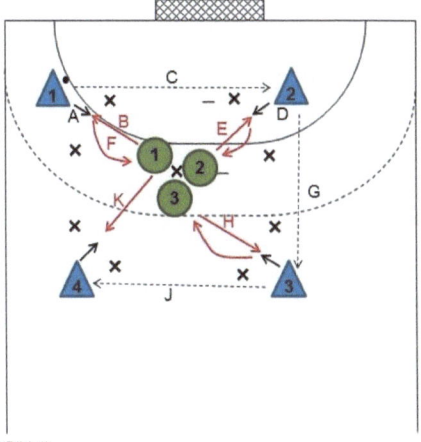
(Bild 1)

(Bild 2)

Variation:
- Es sind auch Rückpässe erlaubt. Die drei Abwehrspieler müssen sich abstimmen, wer welchen Spieler abdeckt.

⚠ Die anstoßenden Spieler geben den Abwehrspielern kurz Zeit, Körperkontakt aufzunehmen und passen dann schnell dem nächsten Mitspieler in den Lauf.

⚠ Die Abwehrspieler sollen schnell heraustreten und sich anschließend sofort zum Hütchen in der Mitte zurückziehen.

⚠ Abwehrspieler regelmäßig wechseln.

| Nr. 4 | Reaktionstraining mit aktivem Heraustreten auf den Ballhalter | 8 | ★★ |

Benötigt: Pro 4er-Gruppe ein Hütchen und ein Ball

Aufbau:
- Die Spieler bilden 4er-Gruppen.
- Pro Gruppe ein Hütchen aufstellen.

Ablauf 1:

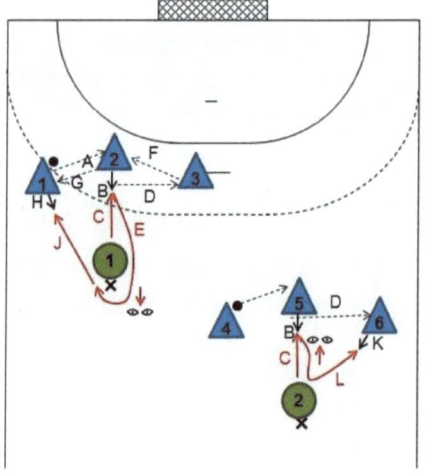

- 1, 2 und 3 stellen sich mit einigem Abstand zum Hütchen nebeneinander (2 eventuell etwas zurückversetzt) auf, 1 startet am Hütchen stehend (s. Bild).
  1 passt zum Auftakt zu 2 (A), der etwas nach vorne stößt (B) und in Wurfauslage geht.
- 1 tritt 2 entgegen (C) und nimmt in Abwehrhaltung Kontakt auf (eine Hand am Wurfarm und eine an der Hüfte) und schiebt 2 leicht zurück.
- 2 passt weiter zu 3 (D). Die drei Angriffsspieler passen dann weiter zügig den Ball (F und G), wobei auch Pässe von 1 zu 3 und umgekehrt erlaubt sind, während 1 um das Hütchen läuft (E). 1 läuft vorwärts, der Blick ist während des Laufens nicht auf die Angreifer gerichtet.
- Sobald 1 am Hütchen umdreht, stößt der Spieler, der als nächstes den Ball erhält, etwas nach vorne und geht in Wurfauslage (H). 1 tritt wieder auf ihn heraus (J) und drückt ihn etwas zurück.
- Dann umläuft 1 wieder das Hütchen und der Ablauf wiederholt sich noch eigene Male.
- Nach acht Aktionen wechseln die Spieler die Positionen.
- Die anderen 4er-Gruppen führen den Ablauf parallel aus.

⚠️ 1 muss sich am Hütchen sofort orientieren, wo sich der Ball befindet, um auf den nächsten Spieler herauszutreten.

Ablauf 2:
- Der grundsätzliche Ablauf bleibt erhalten.
- Nach einem Auftaktpass stößt 5 etwas nach vorne (B), 2 tritt heraus (C) und drückt ihn zurück.
- 5 passt zu 6 (D), und die Angreifer dürfen frei weiterpassen.
- 2 läuft jetzt rückwärts zurück zum Hütchen und beobachtet dabei die Angreifer.
- Sobald ein Angreifer einmal prellt, nach vorne stößt und dann in Wurfauslage geht (K), wechselt 2 sofort wieder in die Laufbewegung nach vorne (L) – auch wenn er noch nicht am Hütchen war –, tritt dem Angreifer entgegen und drängt ihn zurück.
- Nach acht Aktionen werden wieder die Positionen gewechselt.

Nr. 5	Heraustreten und Zurücksinken beim Torhüter einwerfen	8	★★★

Benötigt: 3 Hütchen, 2 Ballkisten mit ausreichend Bällen

Aufbau:
- Drei Hütchen wie abgebildet aufstellen.

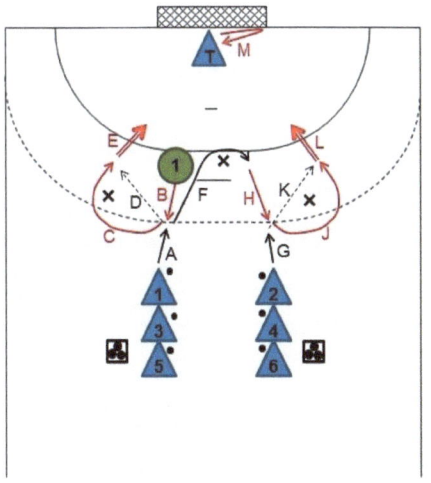

Ablauf:
- 1 prellt an und geht in Wurfauslage (A).
- 1 tritt 1 entgegen und schiebt ihn leicht zurück (B).
- Danach umläuft 1 das linke Hütchen (C), bekommt von 1 den Ball in den Lauf gepasst (D) und wirft nach Vorgabe (Hände, hoch, tief) nach links (E).
- 1 wird zum nächsten Abwehrspieler, umläuft das Hütchen am Kreis (F) und tritt 2 entgegen (H), der von rechts anstößt (G).
- Nachdem 1 2 ein Stück zurückgeschoben hat, umläuft 1 das rechte Hütchen (J), bekommt den Ball von 2 in den Lauf gepasst (K) und wirft nach Vorgabe nach rechts (L).
- usw.

⚠️ Die Spieler sollen eine deutliche Abwehraktion ausführen, bevor sie schnell umschalten und zum Wurf anlaufen.

Nr. 6	**Heraustreten und Zurücksinken auf der HL/HR-Position**	8	★★★
Benötigt: 6 Hütchen, 2 Bälle			

Aufbau:
- Sechs Hütchen für die Laufvorgabe wie abgebildet aufstellen.

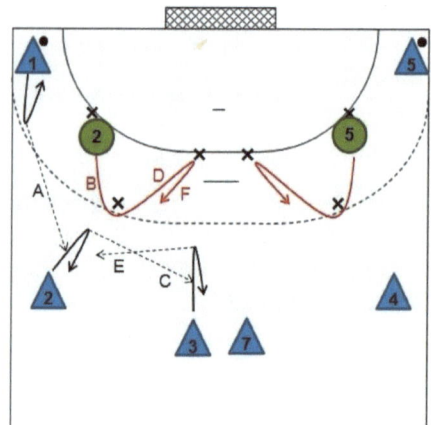

Ablauf:
- 1 stößt von außen an und spielt 2 in seine Laufbewegung (A).
- 2 macht die Laufbewegung parallel nach vorne zum Hütchen mit (B).
- 2 stößt mit Ball Richtung Hütchen und spielt den Ball 3 in die Laufbewegung (C).
- 2 umläuft das vordere Hütchen und läuft bis zum hinteren Hütchen zurück (D).
- 3 stößt mit Ball Richtung Tor und spielt den Ball wieder zurück zu 2 (E).
- 2 läuft wieder zurück und umläuft das vordere Hütchen (F).
- 2 spielt den Ball wieder nach außen und der Ablauf widerholt sich.
- 7, 4, 5 und 5 absolvieren auf der anderen Seite den gleichen Ablauf parallel.

⚠ 2 muss seine Laufbewegung so abstimmen, dass er, wenn 2 den Ball bekommt, nach vorne heraustritt und sich beim Abspiel sofort wieder nach hinten sinken lässt.

⚠ 1, 2 und 3 müssen sich jeweils nach ihrem Pass sofort wieder zurückziehen, damit sie in ihrer nächsten Aktion wieder anstoßen können.

2. Übungen zur Aufnahme von Körperkontakt

Nr. 7	Aus dem 6-Meterraum schieben / Ausbruch verhindern	8	★★
Benötigt: In Ablauf 2: 1 Hütchen und 2–3 Bälle			

Ablauf 1 (Bild 1):

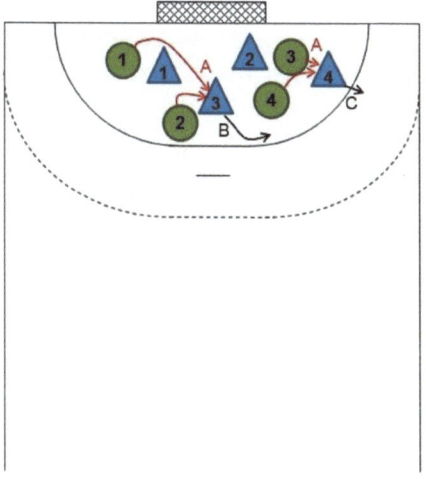

(Bild 1)

- Es werden zwei Mannschaften gebildet.
- Beide Mannschaften starten im 6-Meter-Raum, eine Mannschaft im Angriff, die andere in der Abwehr.
- Auf Kommando des Trainers versuchen die Spieler in der Abwehr, so schnell wie möglich die Spieler der angreifenden Mannschaft durch Aufnahme von Körperkontakt (A) und kontrolliertes Schieben aus dem 6-Meter-Raum herauszudrängen (C).
- Die anderen Spieler versuchen, so lange wie möglich im 6-Meter-Kreis zu bleiben (B). Sie dürfen den 6-Meter-Kreis aber nicht wieder betreten, wenn sie einmal herausgedrängt wurden.
- Es wird die Zeit gestoppt, bis alle Spieler aus dem 6-Meter-Kreis gedrängt wurden.
- Dann ist Aufgabenwechsel. Welche Mannschaft schafft es schneller, alle Gegenspieler aus dem 6-Meter-Kreis zu schieben?

⚠ Die Abwehrspieler dürfen zusammenarbeiten und die Strategie untereinander selbst festlegen.

⚠ Die Abwehrspieler sollen nicht stoßen, sondern schieben (Körperkontakt aufnehmen und den anderen Spieler mit angewinkelten Armen durch schnelle Schritte mit den Beinen wegschieben).

Ablauf 2 (Bild 2):

- Es werden zwei Mannschaften gebildet.
- Die Angreifer haben zwei Bälle und starten im Tor, die Abwehr startet im 6-Meter-Kreis.
- Durch ein Hütchen kann das Feld verkleinert werden, so dass nicht der ganze 6-Meter-Raum als Spielfläche zur Verfügung steht (s. Bild).
- Nach dem Startkommando des Trainers versuchen die beiden Angreifer mit Ball, so schnell wie möglich durch den 6-Meter-Raum zu laufen (A) und diesen zu verlassen (C) (den Ball halten sie in den Händen).

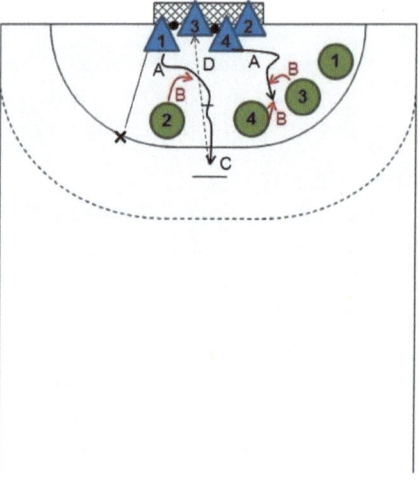
(Bild 2)

- Die Abwehrspieler versuchen durch gute Zusammenarbeit, die Angreifer anzunehmen und den Durchbruch aus dem 6-Meter-Kreis heraus zu verhindern (B).
- Schafft ein Angreifer den Durchbruch (C), passt er den Ball zu einem Mitspieler im Tor (D), der dann ebenfalls versucht, durchzubrechen.
- Wenn alle bis auf den letzten Spieler den 6-Meter-Kreis verlassen haben, wird die Zeit gestoppt und die Aufgaben werden getauscht.
- Welche Abwehr schafft es länger, die Angreifer am Ausbrechen zu hindern?

⚠ Mit dem Hütchen das Spielfeld entsprechend der Leistungsfähigkeit der Spieler begrenzen.

⚠ Die Angreifer dürfen zu jeder Zeit einen Rückpass ins Tor spielen, wenn sie es nicht schaffen, aus dem Kreis zu laufen. Sie müssen dann aber wieder zurück ins Tor.

⚠ Die Abwehrspieler müssen einen Meter Abstand vom Tor halten und dürfen weder die Rückpässe noch den Start der Angreifer stören.

| Nr. 8 | Im 2gegen1 einen Angreifer am Durchbruch hindern | 8 | ★★ |

Benötigt: Je 4er-Gruppe 2 Hütchen und einen Ball

Aufbau:
- Mit Hütchen die Zielbereiche markieren (s. Bild).

Ablauf:
- Die Abwehr spielt immer gegen einen einzelnen Angreifer (hier bzw.).
- () läuft mit Ball auf die Abwehr zu (A). Dabei darf der Angreifer beliebig viele Schritte machen und muss nicht prellen.
- Die Abwehrspieler versuchen, () zu bekämpfen und am Durchbruch durch die beiden Zielhütchen zu hindern (B).
- Dabei arbeiten die Abwehrspieler zusammen und nehmen Körperkontakt zum Angreifer auf.
- Gelingt ein Durchbruch (C), bekommt der Angreifer einen Punkt.
- Jeder Angreifer versucht einen Durchbruch auf jeder Seite, dann wird die Abwehr gewechselt, sodass jeder Spieler einmal (bei kleinen Gruppen zweimal) in der Abwehr gespielt hat.
- Welcher Angreifer schafft die meisten Punkte?

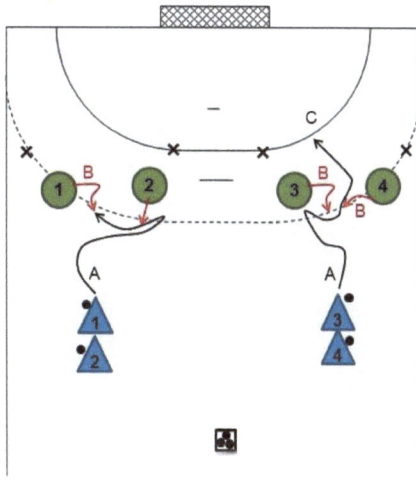

⚠ Die Abwehrspieler müssen bereit sein, Körperkontakt aufzunehmen und zusammenzuarbeiten, um einen Angreifer am Durchbruch zu hindern.

Nr. 9	Im 3gegen1 oder 2gegen1 einen Angreifer am Durchbruch hindern	8	★★

Benötigt: 2 Hütchen, Ballkiste mit ausreichend Bällen

Aufbau:
- Mannschaften mit je drei Spielern bilden.
- Das Spielfeld durch Hütchen abgrenzen.

Ablauf 1 (Bild 1):
- Ein 3er-Team startet in der Abwehr, eines im Angriff, das dritte stellt zwei Anspielstationen (4 und 5).
- Die Abwehr spielt immer gegen einen einzelnen Angreifer (hier 1).

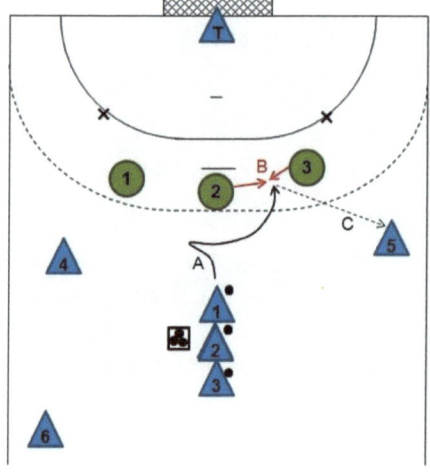

(Bild 1)

- 1 läuft mit Ball auf die Abwehr zu (A). Dabei darf 1 beliebig viele Schritte machen und muss nicht prellen.
- Die Abwehrspieler versuchen, 1 zu bekämpfen und jede weitere Angriffsaktion zu unterbinden (B).
- 1 hat folgende Möglichkeiten, Punkte zu erzielen:
    o Wurf von außerhalb der 9-Meter-Linie -> pro Tor bekommt 1 zwei Punkte
    o Durchbruch und Wurf innerhalb der 9-Meter-Linie (drei Punkte, wenn ein Tor erzielt wird, zwei Punkte, wenn 1 zum Abschluss kommt).
    o Pass aus dem 9-Meter-Kreis heraus zu einem der beiden Anspieler (C), ein Punkt.
- Wird 1 so zugemacht, dass er keine weiteren Aktionen durchführen kann, gibt es keine Punkte.
- 1, 2 und 3 greifen jeweils zweimal an (sechs Aktionen für die Abwehr), dann werden die Punkte zusammengezählt.
- Anschließend ist Aufgabenwechsel (1, 2 und 3 spielen in der Abwehr, 4, 5 und 6 werden neue Angreifer, 1, 2 und 3 haben Pause und stellen die Anspieler).
- Jede Mannschaft spielt einmal in der Abwehr und mindestens einmal im Angriff.
- Welche Abwehr ermöglicht den Angreifern die wenigsten Punkte?

Ablauf 2 (Bild 2):
- Der Ablauf bleibt erhalten, allerdings wird jetzt nur mit zwei Abwehrspielern in einem etwas kleineren Feld gespielt (nach je zwei Aktionen wechselt das 3er-Team in der Abwehr einen Spieler aus).

⚠ Die Abwehrspieler müssen bereit sein, Körperkontakt aufzunehmen und zusammenzuarbeiten, um einen Angreifer am Wurf, Durchbruch oder Pass zu hindern.

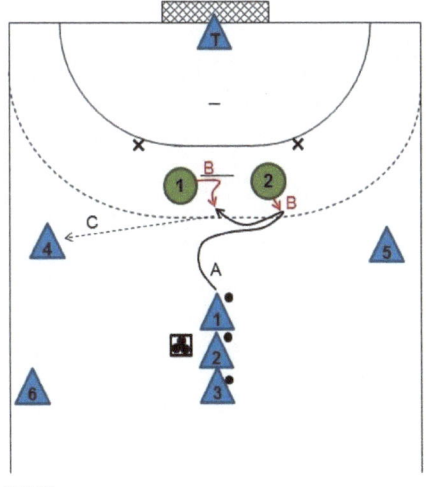

(Bild 2)

⚠ Die Angreifer müssen mit viel Dynamik arbeiten und dürfen den Kontakt mit der Abwehr nicht scheuen, um möglichst viele Punkte zu erzielen.

3. Abwehraktionen im 1gegen1

Nr. 10	Ballgewöhnung mit 1gegen1	3	★★
Benötigt: 4 Hütchen und 1 Ball je 3er-Gruppe			

Aufbau:
- Es bilden sich immer 3er-Gruppen mit je einem Ball und 4 Hütchen.
- Die Spieler stellen sich wie abgebildet auf.

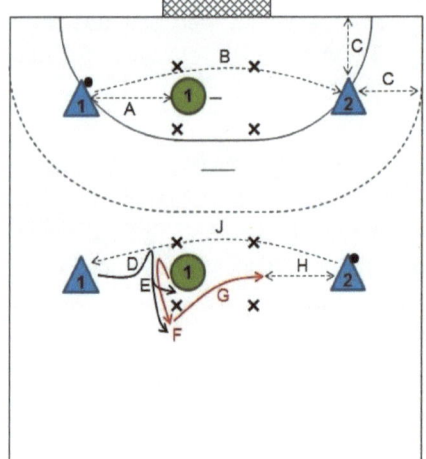

Ablauf:
- 1 spielt 1 den Ball und bekommt ihn sofort wieder zurückgepasst (A).
- 1 spielt den Ball im leichten Bogen über 1 zu 2 (B).
- 2 dreht sich mit Ball zur Wand, spielt den Ball ein- bis zweimal an die Wand und fängt ihn wieder (C).
- Nach seinem Pass zu 2 (B), versucht 1, an 1 vorbei zwischen die beiden Hütchen zu gelangen (D und E). 1 tritt der Bewegung von 1 entgegen und schiebt ihn mit den Armen am Hütchen vorbei (F).
- Nach dieser Aktion dreht sich 1 sofort um, läuft durch die Hütchen auf die andere Seite (G), bekommt von 2 den Ball gespielt und passt ihn sofort wieder zurück (H).
- 2 spielt den Ball im leichten Bogen über 1 zu 1 (J) und der Ablauf wiederholt sich.
- Nach vier bis fünf Durchgängen den Abwehrspieler tauschen.

⚠ 1 soll nach der ersten Aktion (F) sofort umschalten und in die nächste Aktion starten (G und H).

⚠ 1 darf 1 bei der ganzen Aktion nicht klammern oder festhalten.

⚠ 1 soll bei den Aktionen gegen 1 mit seinen Armen wie mit Stoßdämpfern arbeiten und 1 mit guter Beinarbeit nach hinten und zur Seite wegdrücken.

Nr. 11 — Grundbewegungen und 1gegen1 — 3 ★★

Benötigt: 1 Hütchen und 1 Ball je 3er-Gruppe

Grundaufbau:
- Immer drei Spieler gehen mit einem Hütchen und einem Ball zusammen.

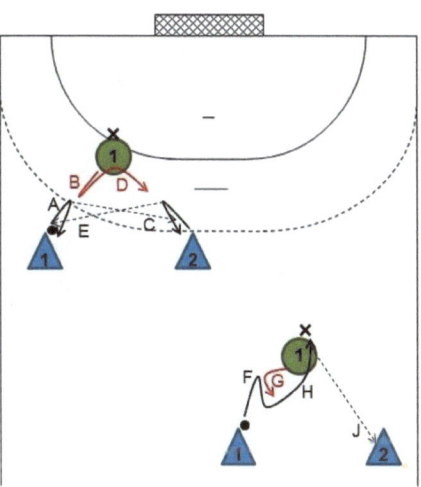

Ablauf:
- 🔺1 stößt nach vorne (A) und 🔺1 tritt dieser Stoßbewegung entgegen (B).
- 🔺1 passt den Ball zu 🔺2 (C).
- 🟢1 sinkt leicht nach hinten zur „Absicherung" des Hütchens zurück und tritt danach sofort der Stoßbewegung von 🔺2 entgegen (D) -> „Dreiecksbewegung".
- Danach geht der Ball wieder zurück in die Stoßbewegung zu 🔺1 (E) usw.
- Der Stoßvorgang wiederholt sich so lange, bis ein Spieler den Ball vor sich auf den Boden prellt (hier im Beispiel 🔺1). Das ist das Zeichen für die 1gegen1-Folgeaktion.
- 🔺1 geht nun dynamisch Richtung Hütchen (F) und versucht, in einer 1gegen1-Aktion das Hütchen zu erreichen (H). 🟢1 versucht durch schnelle Beinarbeit und unter Einsatz der Arme, 🔺1 vom Hütchen fernzuhalten (G).
- Gelingt es 🔺1, das Hütchen zu erreichen, oder schafft es 🟢1, den Angriff von 🔺1 zu unterbinden, spielt 🔺1 den Ball zu 🔺2 weiter (J) und 🔺2 startet ebenfalls seine 1gegen1-Aktion gegen 🟢1.
- Danach tauschen die drei Spieler die Position und der Ablauf wiederholt sich.

⚠️ 🔺1 und 🔺2 sollen die Passgeschwindigkeit beim Stoßen so wählen, dass 🟢1 die „Dreiecksbewegung" korrekt ausführen kann.

⚠️ 🟢1 soll bei der Dreiecksbewegung immer in der korrekten Abwehrhaltung dem Angreifer entgegentreten (richtige Fußstellung und Armhaltung).

| Nr. 12 | 1gegen1 ohne Ball mit schnellem Umschalten | 9 | ★★ |

Benötigt: 1 Stange, 1 Leibchen und 1 Ball je 3er-Gruppe

Aufbau:
- Die Spieler bilden 3er-Gruppen.
- Jede 3er-Gruppe spielt auf eine Fahnenstange.

Ablauf:
- Ein Spieler startet jeweils im Angriff, ein Spieler in der Abwehr. Der dritte Spieler steht mit etwas Abstand zur Fahnenstange mit einem Leibchen in der Hand.
- Alle Angreifer starten auf Pfiff des Trainers gleichzeitig mit dem Ablauf:

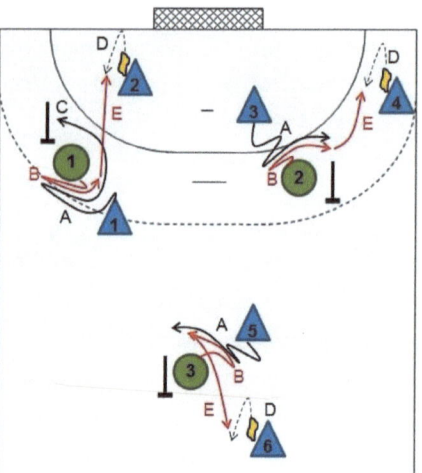

- 1 versucht, ohne Ball im 1gegen1 an 1 vorbeizukommen und die Fahnenstange mit der Hand zu berühren (A). 1 verhindert die Berührung so lange wie möglich (B).
- Sobald einer der Angreifer die Stange berührt (C), ruft er laut „STOPP".
- Beim Kommando „STOPP" werfen alle neben der Aktion stehenden Spieler (2, 4 und 6) das Leibchen in die Luft (D).
- Die Abwehrspieler schalten sofort um und versuchen, das Leibchen zu fangen, bevor es den Boden berührt (E).
- Dann wechseln die Aufgaben. Die bisherigen Angreifer spielen in der Abwehr; die Spieler, die das Leibchen geworfen haben, gehen in den Angriff; die bisherigen Abwehrspieler werfen im nächsten Durchgang das Leibchen.

⚠ Beim Kommando „STOPP" müssen alle Abwehrspieler sofort umschalten, um das Leibchen fangen zu können.

Nr. 13 — 1gegen1 ohne Ball mit schnellem Umschalten 2 — 9 — ★★

Benötigt: 3 Stangen, ausreichend Bälle

Aufbau:
- Auf Höhe der 9-Meter-Linie drei Fahnenstangen aufstellen.

Ablauf:
- 🔺1, 🔺2 und 🔺3 spielen jeweils im 1gegen1 ohne Ball gegen 🟢1, 🟢2 und 🟢3 an je einer Fahnenstange (A).
- 🟢1, 🟢2 und 🟢3 verhindern im 1gegen1 so lange wie möglich, dass der jeweilige Gegenspieler die Stange berührt (B) (Bild 2).
- Sobald es einem Angreifer gelingt, die Stange zu berühren (im Bild gelingt dies 🔺1) ruft er laut „LOS".
- Dies ist das Kommando für 🟢1, 🟢2 und 🟢3, sofort in den Gegenstoß zu starten (C).
- 🟢4 und 🟢5 verteidigen im 2gegen3 den Gegenstoß (D).
- Der Torhüter leitet den Gegenstoß ein (E) und 🟢1, 🟢2 und 🟢3 spielen weiter bis zum Torabschluss (F und G).
- Für den nächsten Durchgang kommen drei neue Angreifer an den Stangen ins Spiel:
  - 🔺1, 🔺2 und 🔺3 werden die neuen Abwehrspieler an den Stangen.
  - 🟢1 und 🟢3 (die im Gegenstoß nicht geworfen haben), werden die neuen Abwehrspieler in der unteren Hälfte.
  - 🟢2, 🟢4 und 🟢5 stellen sich wieder an.

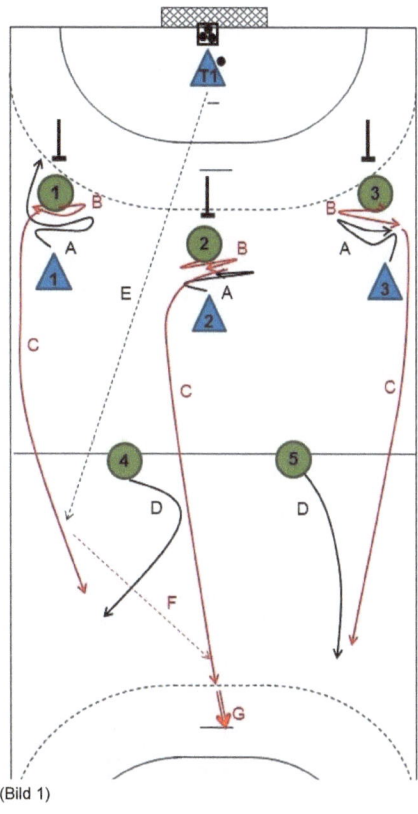

(Bild 1)

(Bild 2)

Erweiterung:
- Der Gegenstoß (C und F) wird im 3gegen3 gespielt.

⚠️ Alle Abwehrspieler an der Stange sollen sofort beim Signal umschalten.

⚠️ Die Torhüter regelmäßig wechseln.

Nr. 14	4-mal 1gegen1	8	⭐⭐
Benötigt: 8 Hütchen und 4 Bälle			

Aufbau:
- Je zwei Spieler gehen mit Ball zusammen und stellen sich zwei Hütchen wie abgebildet auf.

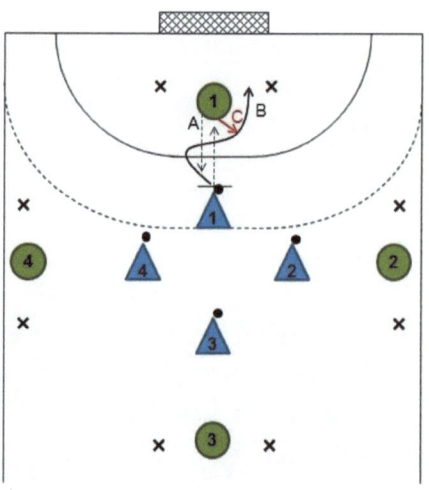

Grundablauf:
- Alle Spieler starten gleichzeitig mit dem Ablauf.
- Jeder Angreifer macht fünf Aktionen hintereinander.
- Für jede erfolgreiche Angriffsaktion (Fuß auf die Linie stellen) bekommt 🔺 einen Punkt. Kann 🟢 die Angriffsaktion verhindern, bekommt er einen Punkt.
- Die Spieler sollen nach einer absolvierten Aktion ohne Pause mit der nächsten beginnen.
- Für jeden Punkt von 🔺 macht 🟢 (nach den fünf Aktionen) fünf Liegestützen und umgekehrt (z. B. 3:2 für 🟢 = 15 Liegestützen für 🔺 und 10 für 🟢).
- Nach den fünf Aktionen wechseln 🔺 und 🟢 dann die Aufgaben.

Ablauf:
- 🔺 startet mit Ball nach Pass und Rückpass mit 🟢 (A) und versucht, im 1gegen1 an 🟢 vorbei einen Fuß auf die Linie zwischen den Hütchen zu stellen (B).
- 🟢 arbeitet gegen 🔺 und versucht mit Arm- und Beinarbeit, ihn von der Linie wegzuhalten (C).
- Wenn 🟢 den Ball erobert oder 🔺 festmacht, ist die Aktion beendet.

⚠ Die Übung ist sehr intensiv, trotzdem auf die richtige Ausführung der Abwehraktion achten (richtiges Stehen, Beinarbeit, Armhaltung).

2. Durchgang:
- Nach dem ersten Durchgang (jeder Spieler war einmal im Angriff und einmal in der Abwehr) werden die Pärchen neu zusammengestellt. Sieger und Verlierer der ersten Runde spielen jeweils zusammen.

Nr. 15	1gegen1 aus einer Vorübung	8	★★
Benötigt: Je 4er-Gruppe 4 Hütchen und 1 Ball			

Aufbau:
- Die Spieler bilden 4er-Gruppen.
- Für jede Gruppe Hütchen wie im Bild aufstellen.
- Ein Spieler arbeitet zunächst in der Abwehr, ein Spieler mit Ball besetzt die Position vor den eng stehenden Hütchen.

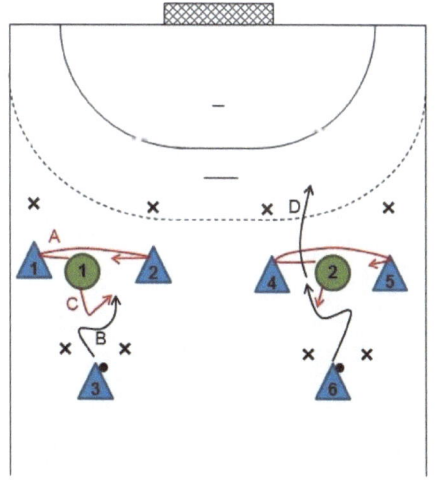

Ablauf:
- 1 und 2 strecken ihre Hände nach vorne, 1 pendelt zwischen den beiden Spielern mit schnellen Schritten hin und her und klatscht abwechselnd 1 und 2 in die ausgestreckten Hände (A).
- Dabei beobachtet 1 auch 3.
- Wenn 3 anfängt zu prellen, ist das das Signal für 1, im 1gegen1 gegen 3 (B) zu verteidigen (C).
- 3 versucht, die gegenüberliegende Linie zu erreichen; 1 versucht, dies zu verhindern.
- Danach tauschen 1, 2 und 3 die Aufgaben, und der Ablauf wiederholt sich.
- Weitere Gruppen führen den Ablauf parallel durch (D).
- Nach einigen Aktionen die Abwehrspieler austauschen.

⚠️ ① soll sich schnell zwischen ▲1 und ▲2 bewegen und dabei auch ▲3 beobachten. ① muss sich beim Richtungswechsel immer so drehen, dass er mit dem Blick zu ▲3 steht.

⚠️ ▲3 soll 1–2-mal im Stand prellen und dann in die 1gegen1-Aktion starten.

Nr. 16	Mehrere 1gegen1-Aktionen hintereinander	8	⭐⭐
Benötigt: 11 Hütchen, Ballkiste mit ausreichend Bällen			

Aufbau:
- Hütchen wie abgebildet als Spielfeld- und Laufmarkierung aufstellen.

Ablauf:
- ▲1 startet mit Ball (zuvor Pass und Rückpass mit ①) und versucht, im 1gegen1 an ① vorbei einen Fuß auf die Hütchenlinie zu setzen (A).
- ① startet nach dieser ersten Aktion sofort in den Konter und bekommt von ▲1 den Ball gespielt.
- ① passt dem Torhüter den Ball (B), bekommt den Rückpass, macht gegen ② eine 1gegen1-Aktion und versucht, mit Wurf abzuschließen (C und D).
- Nach der Aktion startet ② sofort, macht gegen ③ eine 1gegen1-Aktion ohne Ball und versucht, mit einem Fuß hinter die Hütchenlinie zu treten (E).
- Nach der Aktion sprintet ③ sofort los (F), umläuft das Hütchen und sprintet weiter durch die beiden Hütchen. Danach holt er sich einen neuen Ball und stellt sich wieder an.
- Sobald ① in den Konter startet, beginnt ▲2 mit seiner 1gegen1-Aktion gegen ▲1 (Auftakt: Pass und Rückpass).

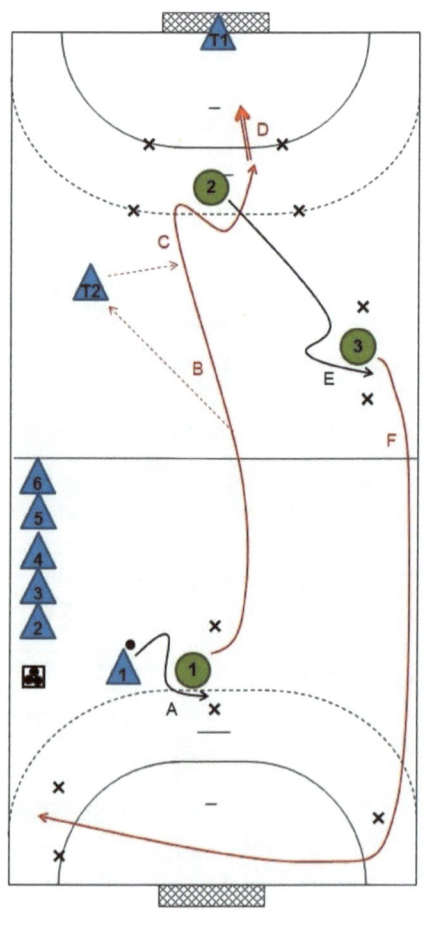

Grundsätzliches für die Abwehrspieler:
- Die Abwehrspieler sollen mit Bein- und Armarbeit den Angreifer mit hoher Dynamik attackieren und abdrängen.
- Gelingt es dem Angreifer nicht, in der ersten Aktion zum Abschluss (Wurf oder Fuß hinter die Hütchenlinie stellen) zu kommen, ist die Aktion abgeschlossen.
- Der Abwehrspieler startet dann sofort in die nächste Aktion und der Angreifer wird zum nächsten Abwehrspieler.

Grundablauf:
- Jeder Spieler führt die drei Abwehraktionen 1-mal (2-mal) durch, danach ist eine kurze Pause und die Spieler machen für jede nicht erfolgreiche Abwehraufgabe 10 Liegestützen.

 Auf hohe Dynamik in der Aktion achten.

 Auf korrekte Abwehrstellung achten.

| Nr. 17 | 1gegen1 im Kontinuum mit schnellem Umschalten | 10 | ★★ |

Benötigt: 10 Hütchen, Ballkiste mit ausreichend Bällen

Ablauf:

- 🔺 läuft an und bekommt von 🟢 den Ball in den Lauf gespielt (A).
- 🔺 macht eine 1gegen1-Aktion gegen 🟢 und versucht, mit Torwurf abzuschließen (B).
- 🔺 holt sich nach der Aktion (B) einen neuen Ball und wird zum neuen Abwehrspieler.
- Nach der Aktion sprintet 🟢 sofort los, umläuft das Hütchen (C), bekommt von 🟢 den Ball in den Lauf gespielt (D) und macht gegen 🟢 eine 1gegen1-Aktion (E).
- 🟢 holt sich nach der Aktion (E) einen neuen Ball und wird zum neuen Abwehrspieler.
- Nach der Aktion sprintet 🟢 sofort los, umläuft das Hütchen (F), bekommt von 🟢 den Ball in den Lauf gespielt (G) und versucht gegen 🟢 einen Durchbruch im 1gegen1 (H).
- Nach der Aktion sprintet 🟢 sofort los, umläuft das Hütchen (K), bekommt von 🔺 den Ball in den Lauf gespielt (L) und schließt mit einem Wurf auf das andere Tor ab. Danach stellt sich 🟢 wieder an (N).
- 🟢 holt sich nach der Aktion (E) einen neuen Ball und wird zum neuen Abwehrspieler.

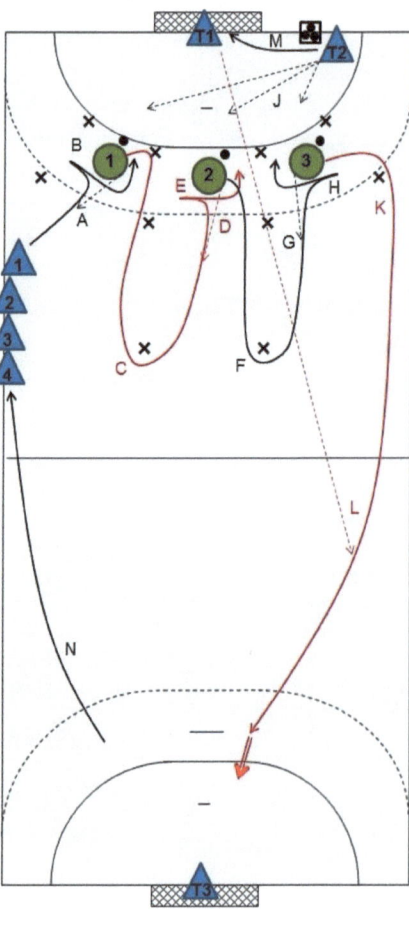

- Sobald 3 in den Konter startet, wechseln die Torhüter die Aufgaben, T2 geht ins Tor und T1 versorgt die Abwehrspieler mit neuen Bällen.
- Sobald T2 im Tor ist, startet 2 mit seiner 1gegen1-Aktion gegen 1 usw.
- Der Ablauf wiederholt sich so lange, bis alle Spieler 1–2-mal den „Rundlauf" absolviert haben.

Grundablauf:
- Ist für die neuen Abwehrspieler kein Ball in der Nähe, bekommen Sie von T2 einen gepasst (J).

⚠ Die Abwehrspieler sollen nach der Abwehraktion sofort umschalten und in die nächste Aktion starten (C, F und K).

Nr. 18	1gegen1 nach athletischer Vorübung	10	★★★★

Benötigt: 1 Turnbank, 4 Hutchen, ausreichend Bälle

Aufbau:
- Eine Turnbank und zwei Hütchentore wie abgebildet aufstellen.
- Zwei Abwehrspieler starten hinter der Turnbank stehend.

Ablauf:
- 1 startet den Ablauf und passt den Ball zu 7 (A)
- Das ist das Startsignal für 1, er überspringt beidbeinig die Turnbank (B) und läuft in den Abwehrkorridor zwischen den beiden Hütchen (C).

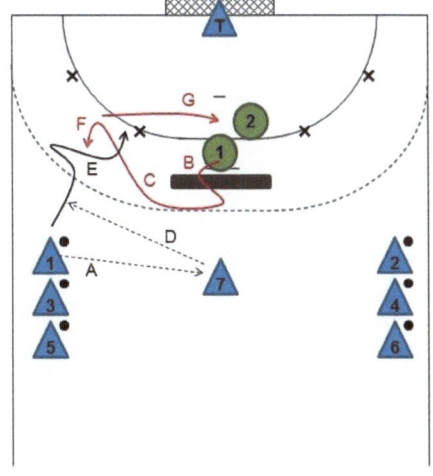

(Bild 1)

- 7 passt den Ball wieder zurück zu 1 in die Laufbewegung (D), der im 1gegen1 den Durchbruch versucht (E).
- 1 verteidigt den Durchbruch (F).
- Danach wiederholt sich der Ablauf auf der anderen Seite mit 2 und 2.
- 1 läuft nach seiner Abwehraktion sofort wieder hinter die Bank (G) und wartet, bis 2 mit seiner Abwehraktion fertig ist.

- Jeder Abwehrspieler macht fünf Abwehraktionen, danach werden die Abwehrspieler getauscht.
- Den Anspieler (7) regelmäßig tauschen.

Variation (Bild 2):

- Der Auftaktpass von 1 (A) wird weiter gespielt über 2 und zurück (H und D).
- 1 umläuft nach dem Überspringen der Bank (B) noch in der schnellen Seitwärtsbewegung die Bank (J), bevor er in die Abwehraktion geht.

⚠ Die Abwehrspieler sollen mit schneller Beinarbeit den Laufweg des Angreifers zustellen und mit den Armen den Angreifer abdrängen (wegschieben). Die Arme agieren als Stoßdämpfer.

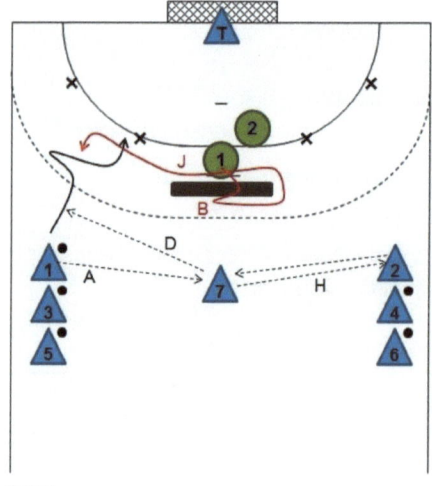

(Bild 2)

4. Absicherung des Kreisläufers

Nr. 19	Absicherung des Kreisläufers	6	⭐
Benötigt: Kreislinie, 4 Hütchen, 1 Ball			

Aufbau:
- Einen Kreis auf dem Hallenboden markieren oder einen vorhandenen Kreis nutzen.
- Mit Hütchen Positionen außerhalb des Kreises markieren (s. Bild).

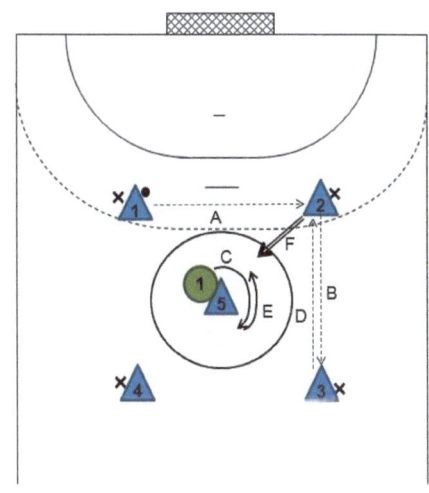

Ablauf 1:
- Die Spieler außerhalb des Kreises passen sich den Ball zu (A und B), dabei sind auch Rückpässe (D) und diagonale Pässe erlaubt.
- 1 arbeitet als Abwehrspieler gegen einen in der Mitte stehenden Kreisläufer (5).
- 1 positioniert sich immer so zwischen Kreisläufer und Ballhalter (C und E), dass ein Pass zu 5 (F) nicht möglich ist.
- Nach einigen Passversuchen zum Kreisläufer werden die Positionen gewechselt. Jeder Spieler soll mindestens einmal in der Abwehr arbeiten.

⚠️ Schafft 1 es nicht, 5 komplett abzuschirmen, soll er zumindest versuchen, den Ball vor 5 zu erreichen und 5 beim Fangen zu behindern.

Ablauf 2:

- Der Ablauf aus Ablauf 1 bleibt erhalten.
- Der Kreisläufer darf sich jetzt im Kreis bewegen und versuchen, durch Sperren und Richtungswechsel einen Pass zu ermöglichen.
- Der Abwehrspieler versucht dennoch, einen Pass zu verhindern und vor dem Kreisläufer den Ball abzufangen.
- Nach einigen Aktionen wird wieder durchgewechselt, bis auch bei diesem Ablauf jeder Spieler einmal in der Abwehr gespielt hat.

| Nr. 20 | Innenkreis-Außenkreis mit Absicherung des Kreisläufers | 9 | ★★ |

Benötigt: Kreislinie, 1 Ball

Aufbau:
- Einen Kreis auf dem Hallenboden markieren oder einen bereits existierenden Kreis verwenden.

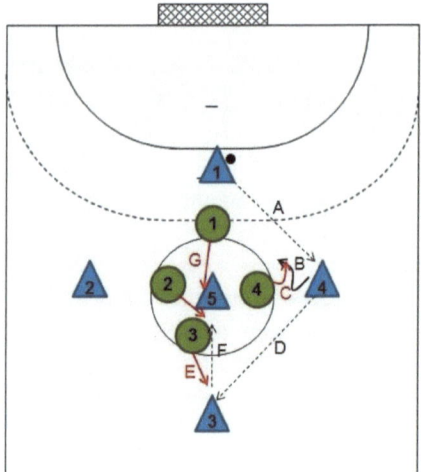

Ablauf:
- Die Angreifer 1, 2, 3 und 4 versuchen durch schnelles Passspiel (A und D), entweder mit Ball in den Kreis zu laufen (B) oder 5 am Kreis anzuspielen (F). Gelingt eine der beiden Aktionen, bekommen die Angreifer einen Punkt.
- Die Abwehrspieler 1, 2, 3 und 4 müssen aktiv auf den Ballhalter heraustreten (C und E), um das Eindringen in den Kreis zu verhindern.
- Die ballfernen Abwehrspieler müssen sich jeweils in den Kreis zurückziehen, um den Kreisläufer abzudecken (G).
- Der Angriff spielt 15 Angriffe, danach ist Aufgabenwechsel (ein Angreifer bleibt am Kreis). Welche Mannschaft schafft mehr Punkte?

⚠ Die Abwehrspieler müssen sich absprechen, wer auf den Angreifer heraustritt und wer den Kreis abdeckt.

⚠ Die Abwehrspieler müssen aktiv auf die Angreifer heraustreten, um ein Eindringen in den Kreis zu verhindern und die Pässe an den Kreis und zum Mitspieler zu erschweren.

Nr. 21	Abschirmen des Kreisläufers	8	★★

Benötigt: 2 Hütchen und 1 Ball pro 4er-Gruppe

Aufbau:
- Die Spieler bilden 4er-Gruppen; pro Gruppe wird mit zwei Hütchen eine Linie markiert.
- Pro Gruppe agieren zwei Spieler als Zuspieler, einer als Abwehrspieler und einer als Kreisläufer an der Linie.

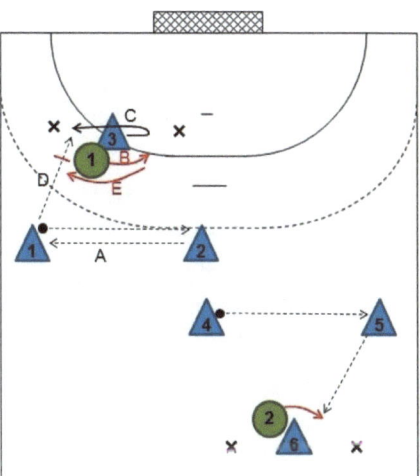

Ablauf:
- 1 und 2 passen sich fortlaufend einen Ball zu (A).
- Der Kreisläufer (3) versucht, sich an der Linie freizulaufen (C) und sich für einen Pass von 1 oder 2 (D) anzubieten.
- Der Abwehrspieler 1 schirmt den Kreisläufer ab und verhindert so die Pässe zu 3 (B und E).
- Dabei versucht 1, immer zwischen 3 und dem Ballhalter zu stehen und so den Pass zu 3 zu verhindern.
- Nach einigen Versuchen die Aufgaben in der Gruppe wechseln.
- Weitere Gruppen führen den Ablauf parallel durch.

⚠ Die Abwehrspieler müssen immer Körperkontakt aufnehmen, um auf eine Bewegung am Kreis sofort reagieren zu können.

| Nr. 22 | 1gegen1 und Abschirmen des Kreisläufers | 12 | ★★★ |

Benötigt: 4 Hütchen, 4 Stangen, Ballkiste mit ausreichend Bällen

Aufbau:
- Hütchen und Stangen wie im Bild aufstellen.

Ablauf:
- 🔺1 versucht, ohne Ball an 🟢1 vorbei und zwischen den Stangen an den Kreis durchzubrechen (A).
- 🟢1 nimmt Körperkontakt auf und verhindert das Durchbrechen von 🔺1 (B).
- Auf Pfiff des Trainers prellt 🔺5 mit Ball an (C).
- 🟢1 löst sich aus der Abwehraktion gegen 🔺1, zieht sich sofort an den Kreis zurück (D) und verhindert ein Anspiel von 🔺5 an den Kreis (E) zu 🔺6.
- Danach startet der Ablauf auf der anderen Seite, dafür postiert sich 🔺6 am rechten Hütchen.

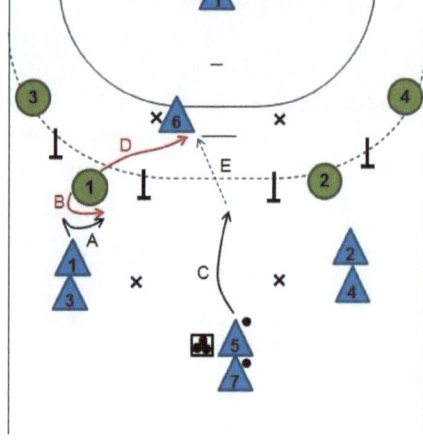

⚠️ 🟢1 soll zunächst in der Aktion ohne Ball Körperkontakt aufnehmen und 🔺1 vom Kreis fernhalten, danach sofort umschalten, um den Pass an den Kreis zu verhindern.

| Nr. 23 | Grundbewegungen, 1gegen1 und Kreisabsicherung auf RL und RR | 8 | ★★★ |

Benötigt: 8 Hütchen, 2 Ballkisten mit ausreichend Bällen

Grundstellung von ② und ⑤ beim Start auf der linken Seite:

- ② und ⑤ stehen jeweils am linken Hütchen.

Ablauf:

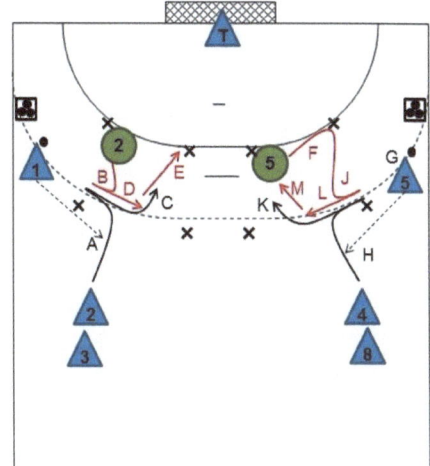

- ▲1 spielt den Ball ▲2 in die Stoßbewegung (A).
- ② tritt ▲2 deutlich entgegen (B) und attackiert ▲2.
- ▲2 versucht, im 1gegen1 an ② vorbeizugehen (C).
- ② bekämpft aktiv das Durchbrechen von ▲2 (D).
- Kann ▲2 durchbrechen, darf er mit Wurf abschließen (nicht im Bild).
- ② stellt sich direkt nach seiner Aktion an das innere Hütchen und schirmt es ab (E).

Nach der Aktion wiederholt sich der Ablauf auf der anderen Seite wie folgt:

- Sofort nach dem Ende der Aktion auf der anderen Seite startet ⑤ zum Hütchen (F).
- ▲5 muss einmal den Ball auf den Boden prellen (um ⑤ ausreichend Zeit für das Anlaufen zum Hütchen zu geben) (G).
- Danach spielt ▲5 den Ball ▲4 in die Stoßbewegung (H).
- ⑤ tritt ▲4 deutlich entgegen (J) und attackiert ▲4.
- ▲4 versucht, im 1gegen1 an ⑤ vorbeizugehen (K).
- ⑤ bekämpft aktiv das Durchbrechen von ▲4 (L).
- Kann ▲4 durchbrechen, darf er mit Wurf abschließen (nicht im Bild).
- Danach wiederholt sich der Ablauf wieder auf der anderen Seite mit ▲3.
- ⑤ geht sofort nach seiner Aktion wieder zum Hütchen und schirmt es ab (M).
- Nach ein paar Durchgängen die Spieler tauschen.

⚠️ ② und ⑤ sollen im höchsten Tempo die Dreiecksbewegung absolvieren und die Angreifer jeweils attackieren.

Erweiterung:

- Ein Kreisläufer je Hütchenbereich.
- 6 und 7 dürfen sich knapp vor der 6-Meter-Linie zwischen den beiden Hütchen frei bewegen (N).
- 5 versucht hier im Beispiel, das Zuspiel von 1 oder 2 (P) zu verhindern (O).
- 6 und 7 sollen sich mit zunehmender Übungsdauer innerhalb ihres Hütchenbereichs intensiver bewegen und versuchen, ein Anspiel möglich zu machen (P).

- Gelingt ein Anspiel zu einem der beiden Kreisläufer, müssen 2 und 5 fünf schnelle Hampelmannbewegungen machen.
- Können sie das Anspiel abfangen, müssen die Angreifer fünf schnelle Hampelmannbewegungen machen.

⚠️ 6 und 7 dürfen nur diagonal (P) angespielt werden.

Training für defensive und halboffensive Abwehrkooperationen im Handball
60 Übungen – Vom 1gegen1 über die Kleingruppe bis zur Abwehr im Team

5. Blocken in Abstimmung mit dem Torhüter

Nr. 24a	Blocken im Wurfarmeck aus der Bewegung	10	★★★
Benötigt: 3 Hütchen			

Aufbau:
- Drei Hütchen wie abgebildet aufstellen.
- 1 startet in der Position neben dem linken Hütchen stehend.

Ablauf:
- 1 startet den Ablauf und umläuft in hohem Tempo in der Vorwärts- und Rückwärtsbewegung die beiden anderen Hütchen (A).
- Wenn 1 am zweiten Hütchen angekommen ist (B), startet 1 mit seinem Pass zu 7 (C) und bekommt den Ball in die Laufbewegung zurückgepasst (D).
- 1 wirft ab der 9-Meter-Linie aus dem Sprungwurf auf das Tor (E).
- 1 soll sich für seinen defensiven Wurfblock so stellen, dass ein Wurf in das lange Eck (farblich markierter Bereich) nicht möglich ist und T sich für den Wurf in das kurze Eck schon leicht nach links positionieren kann (F).
- Danach wiederholt sich der Ablauf auf der anderen Seite mit 2 in der Abwehr und dem Wurf von 4.
- Jeder Abwehrspieler macht den Ablauf 5-mal, danach wird getauscht.

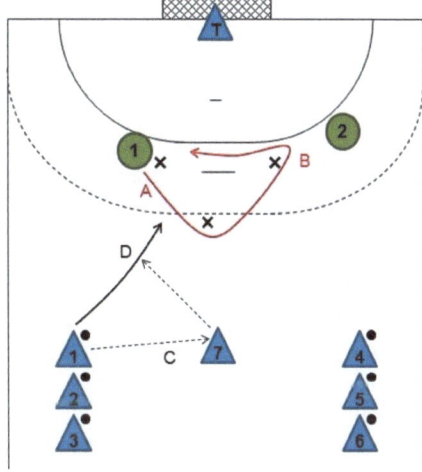
(Bild 1)

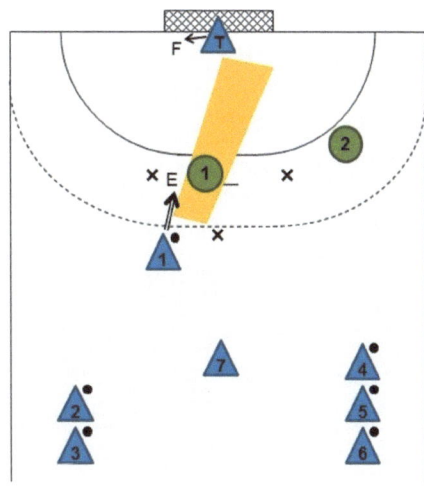
(Bild 2)

⚠️ T soll mit dem Abwehrspieler von hinten laut kommunizieren und ihn in seiner Position korrigieren, sodass er korrekt auf dem Wurfarm steht und das lange Eck abdeckt.

⚠️ Die Feldspieler werfen vor der 9-Meter-Linie aus dem Sprungwurf heraus.

Nr. 24b	Blocken im kurzen Eck aus der Bewegung	10	★★★
Benötigt: 3 Hütchen			

Aufbau:
- Drei Hütchen für die Vorübung wie abgebildet aufstellen – etwas nach links versetzt auf der Rückraumseite, von der geworfen wird.
- ① startet in der Position neben dem rechten Hütchen stehend.

Ablauf:
- ① startet den Ablauf und umläuft in hohem Tempo in der Vorwärts- und Rückwärtsbewegung die beiden anderen Hütchen (A).
- Wenn ① um das vordere Hütchen gelaufen ist (B), startet ① mit seinem Pass zu ④ (C) und bekommt den Ball in die Laufbewegung zurückgepasst (D).
- ① läuft rechts neben das Hütchen und wirft von dort ab der 9-Meter-Linie aus dem Sprungwurf auf das Tor (E).
- ① soll sich für seinen defensiven Wurfblock so stellen, dass er den Wurf in das kurze Eck (farblich markierter Bereich) blockiert und
- T sich für den Wurf in das lange Eck schon leicht nach rechts positionieren kann (F).
- Danach wiederholt sich der Ablauf.
- Jeder Abwehrspieler macht den Ablauf 5-mal, danach werden sie ausgetauscht.

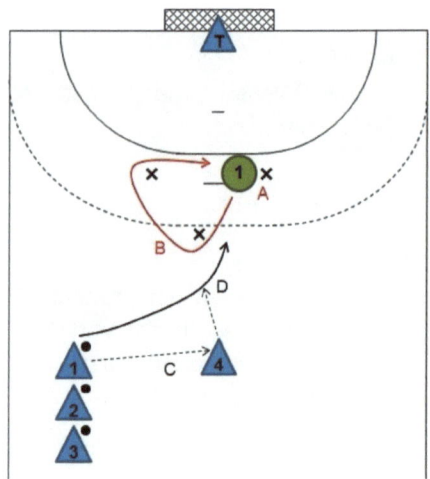
(Bild 1)

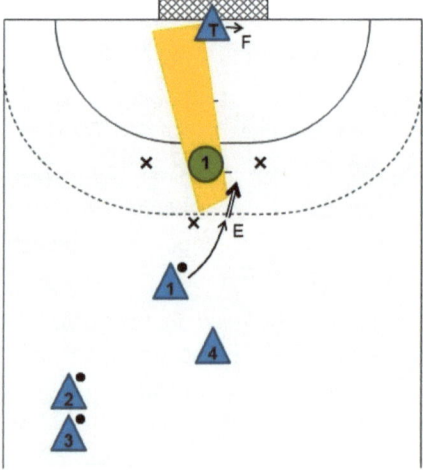
(Bild 2)

Grundgedanke bei den beiden Übungen 24a und 24b:
- Läuft ein Rückraumspieler geradeaus auf seiner Position Richtung Tor und wirft aus dem Sprungwurf heraus:
    - Deckt der Abwehrspieler das lange Eck ab.
    - Übernimmt der Torhüter „sein" kurzes Eck.
- Kommt der Rückraumspieler über die Mitte Richtung Tor und wirft aus dem Sprungwurf heraus:
    - Deckt der Abwehrspieler das kurze Eck ab.
    - Übernimmt der Torhüter das lange Eck.

⚠️ T und 1 tauschen also die abgedeckte Torseite.

⚠️ T muss hier mit 1 laut und deutlich kommunizieren und ihm von hinten Hilfestellung für den defensiven Wurfblock gegen 1 geben.

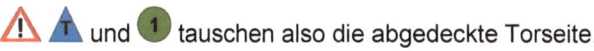

Benötigt: 4 Hütchen, 4 Stangen, Ballkiste mit ausreichend Bällen

Aufbau:
- Hütchen und Stangen wie im Bild aufstellen.

Ablauf:
- 1 versucht, ohne Ball an 1 vorbei und zwischen den Stangen hindurch an den Kreis durchzubrechen (A).
- 1 nimmt Körperkontakt auf und verhindert das Durchbrechen von 1 (B).
- Auf Pfiff des Trainers löst sich 1 aus der Abwehr und umläuft das hintere Hütchen (C).
- 5 passt 1 einen Ball (D) und 1 wirft aus dem Rückraum (F).
- 1 umläuft nach dem Pfiff das Hütchen am Kreis (E) und versucht, den Wurf von 1 zu blocken.
- Danach startet der Ablauf auf der anderen Seite.

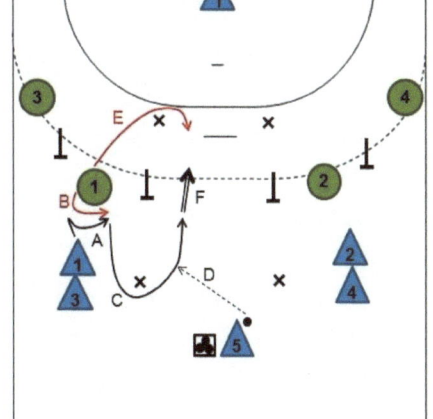

⚠️ 1 soll zunächst in der Aktion ohne Ball Körperkontakt aufnehmen und 1 vom Kreis fernhalten und danach sofort umschalten, um den Wurf defensiv zu blocken.

Nr. 26 — Blocken nach einer 1gegen1-Aktion mit einer Kreuzbewegung für den Angriff — 10 ★★★

Benötigt: 2 Hütchen, Ballkisten mit ausreichend Bällen

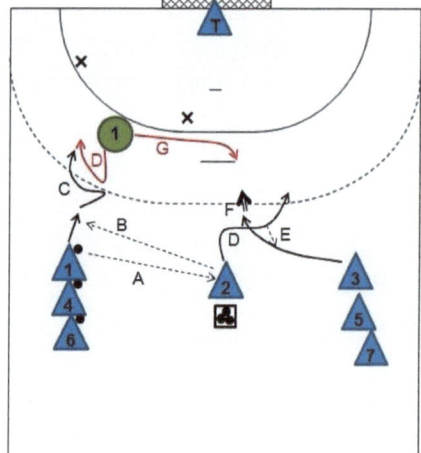

Aufbau:
- Mit Hütchen den Durchbruchsraum am Kreis markieren (nach hinten versetzt, sodass der Abwehrspieler ungehindert am Kreis entlanglaufen kann).

Ablauf:
- 1 passt zu 2 (A), läuft an, bekommt den Rückpass (B) und versucht, im 1gegen1 an 1 vorbei zu ziehen (C) und nach Möglichkeit mit Wurf abzuschließen.
- 1 versucht, den Durchbruch zu verhindern (D).
- Sofort nach dem Wurf oder nach dem Pfiff des Trainers (falls 1 die Angriffsaktion unterbindet) startet die zweite Aktion.
- 2 holt einen Ball aus der Ballkiste und zieht ein Kreuzen nach rechts an (D).
- 3 nimmt das Kreuzen an, bekommt den Pass (E) und schließt mit Wurf vor der 9-Meter-Linie ab (F).
- 1 läuft sofort in die Mitte und versucht, den Wurf von 3 zu blocken (G).
- Dann startet 4 mit dem gleichen Ablauf.

⚠ 1 muss nach dem Wurf oder Pfiff sofort in die zweite Aktion starten und sich optimal für den Block stellen.

⚠ Den Abwehrspieler regelmäßig wechseln.

⚠ Nach der Hälfte der Zeit die Seite wechseln.

| Nr. 27a | Blocken in Absprache mit dem Torhüter | 10 | ★★★★ |

Benötigt: 4 Hütchen, 2 Ballkisten mit ausreichend Bällen

Ablauf (Bild 1):
- 1 stößt von außen an und passt den Ball (A) in den Lauf (B).
- 2 tritt aktiv der Stoßbewegung von 2 entgegen (C).
- 3 schirmt 6 ab.

Folgeablauf (Bild 2):
- 2 verlagert weit über die Mitte (D).
- 3 übernimmt 2 (E) und 2 übernimmt 6 (F).

Wurfaktion (Bild 3):
- 3 übernimmt im Defensivblock das kurze Eck (G).

⚠️ Übergabe und Tausch der Standardabsprache (Abwehr Wurfarmeck) zwischen Torhüter und 3.

- Der Schütze soll gezwungen werden, in das lange Eck zu werfen (H). Da der Torhüter auf diese Aufgabe vorbereitet ist, übernimmt er den Wurf in das lange Eck (J).

Danach beginnt der Ablauf auf der anderen Seite.

Variation nach ein paar Durchläufen:
- 2 muss in seiner Aktion entscheiden:
  o Wurf ins kurze Eck (falls 3 nicht korrekt das kurze Eck abdeckt).
  o Pass zu 6.
  o Wurf ins lange Eck.

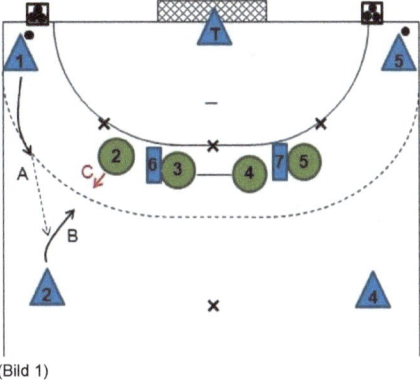
(Bild 1)

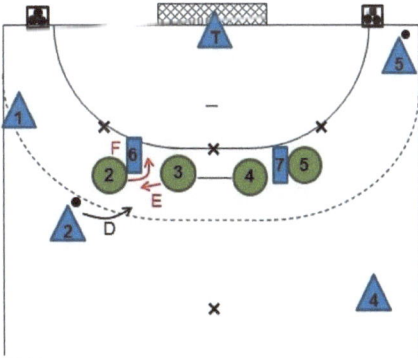
(Bild 2)

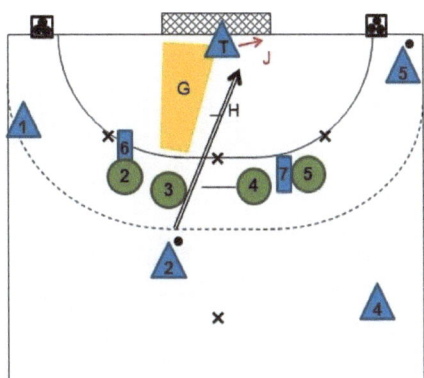
(Bild 3)

| Nr. 27b | Blocken in Absprache mit dem Torhüter | 10 | ★★★★ |

Benötigt: 2 Hütchen, 2 Ballkiste mit ausreichend Bällen

Grundablauf:

- 2, 3, 4 und 6 spielen 4gegen4 gegen 2, 3, 4 und 5.
- Die vier Angreifer spielen die unten beschriebenen Angriffsmöglichkeiten, um Tore zu erzielen.
- Nach je fünf Angriffen tauschen die Angreifer und Abwehrspieler die Aufgaben. Wer erzielt bei fünf Angriffsaktionen mehr Tore?

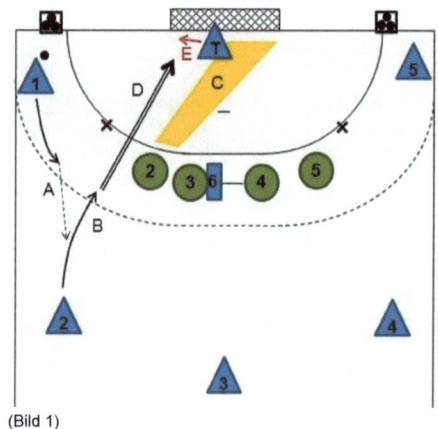

(Bild 1)

Möglichkeit 1 (Bild 1):

- 1 stößt von außen an und passt 2 den Ball in den Lauf (A).
- 2 stößt nach außen weg (B), hier soll die Standardabsprache stattfinden. 2 schirmt das lange Eck ab (C) und zwingt 2 so zum Wurf in das kurze Eck (D und E).

Möglichkeit 2 (Bild 2):

- Geht 2 nach dem Auftaktpass von 1 über die Mitte (F), tauscht die Abwehr mit T das Abwehreck.
- 2 übernimmt jetzt das kurze Eck (G) und T das lange Eck, sodass 2 durch das Abdecken des kurzen Ecks zum Wurf in das lange Eck gezwungen wird (H und J).

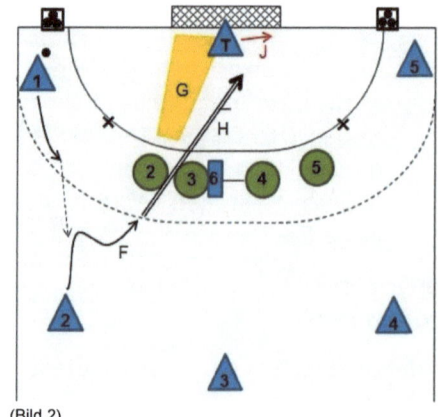

(Bild 2)

Möglichkeit 3 (Bild 3):

- 5 stößt von außen an und passt 4 in die Stoßbewegung (K).
- 4 passt 3 in die Laufbewegung nach links (L).
- 2 nimmt die Kreuzbewegung von 3 an und bekommt den Ball gespielt (M).
- 2 zieht dynamisch Richtung Tor (N).
- Die Abwehr und T tauschen hier ebenfalls das Abwehreck.
- 3 schirmt das kurze Eck ab (O), sodass 2 zum Wurf in das lange Eck gezwungen wird (P und R).

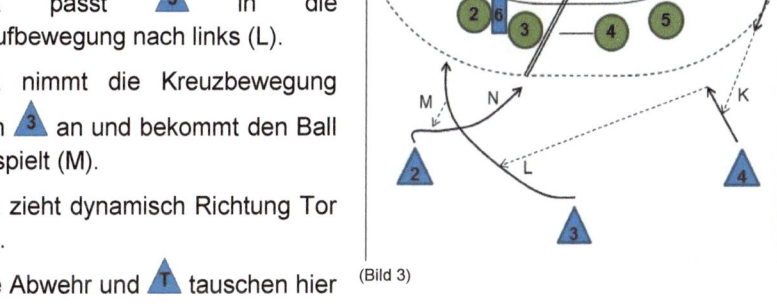

(Bild 3)

6. Aktive Außenabwehr

Nr. 28	Außenpressing	8	★★
Benötigt: 2 Hütchen, 1 Ballkiste mit ausreichend Bällen			

Aufbau:
- Zwei Hütchen wie im Bild aufstellen.

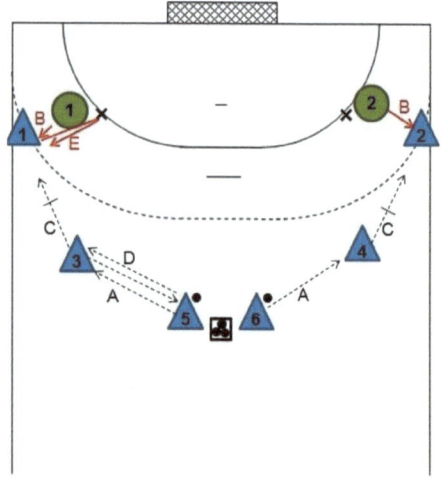

Ablauf:
- 5 bringt den Ball ins Spiel (A) und passt zu 3.
- 1 tritt offensiv auf 1 heraus (B) und verhindert ein Anspiel durch 3 (C).
- 3 versucht bis zum Ablauf der Drei-Sekunden-Regel, den Pass zu 1 zu spielen, 1 darf dabei versuchen, sich auf der Außenposition freizulaufen.
- Nach drei Sekunden spielt 3 zurück zu 5 (D) und der Ablauf beginnt von vorne.
- Beim Pass von 3 zu 5, läuft 1 zurück zum Hütchen und berührt dieses kurz, bevor er wieder nach vorne tritt (E).
- Auf der rechten Seite wird der Ablauf parallel ausgeführt.

Wettkampf:
- 1 und 2 spielen gegeneinander. Der Abwehrspieler, der in der vorgegebenen Zeit weniger Pässe zulässt, gewinnt.

| Nr. 29 | Aktiver Gegenaußen | 8 | ★★ |

Benötigt: 2 Hütchen, 1 Ball

Aufbau:
- Zwei Hütchen auf Pfostenhöhe aufstellen.

Ablauf 1:
- ① und ② üben den Laufweg der Außenspieler in einer Abwehr mit offensiven Außen auf der Gegenseite, ③ simuliert einen Abwehrspieler vorne Mitte.
- Der Ball wird zunächst einige Male von links nach rechts (A bis E) und von rechts nach links durchgespielt (Bild 1).
- Beim Pass von der Mitte auf Rückraum rechts (D), postiert sich der Außenabwehrspieler auf der ballfernen Seite (①) nach vorne in eine offensive Position (F).
- Sobald der Ball wieder über die Mitte auf die andere Seite läuft, orientieren sich die Außen-Abwehrspieler wieder auf ihre defensive Außenposition (C).

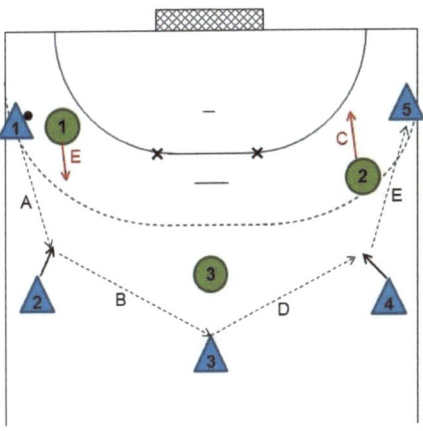

Bild 1

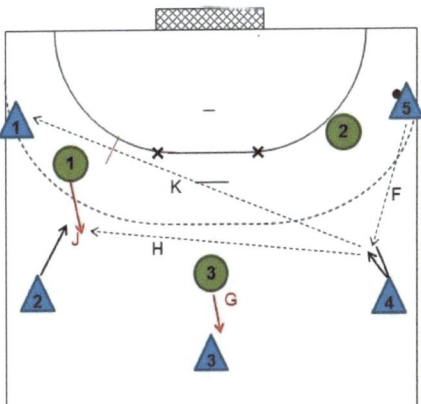

Bild 2

Ablauf 2 (Bild 2):
- Die Regelbewegung wird um die Situation mit langem Pass von Halbspieler zu Halbspieler erweitert.
- Beim Pass von außen in den Rückraum (G), tritt ③ in den Passweg zu ③ (H) und provoziert so einen langen Pass von ④ zu ② (J).
- ① versucht, diesen langen Pass aus der vorher eingenommenen offensiven Position heraus abzufangen (K) (Bild 3).

Bild 3

- 🟢1 darf nicht zu früh starten, da sonst der Pass von 🔺4 zu 🔺1 möglich wird (L).
- Nach einigen Abfangversuchen beider Außen-Abwehrspieler werden die Aufgaben gewechselt.

⚠️ Die Rückraumspieler sollen spielnah in die Pässe starten, obwohl sie wissen, dass ein Abfangversuch gestartet werden könnte.

⚠️ Den Ball so nah wie möglich am Gegenspieler abfangen.

Nr. 30	Außenpressing und aktiver Gegenaußen	8	⭐⭐
Benötigt: 2 Hütchen, 1 Ballkiste mit ausreichend Bällen			

Aufbau:
- Zwei Hütchen wie im Bild aufstellen.

Ablauf:
- 🔺3 bringt den Ball ins Spiel und passt zu 🔺4 (A).
- 🟢2 tritt offensiv auf 🔺5 heraus (B), sodass kein Pass durch 🔺4 möglich ist (C).
- 🟢1 positioniert sich ebenfalls in einer offensiven Position (E), mit dem Ziel, lange Pässe von 🔺4 zu 🔺2 (D) oder zu 🔺1 (nicht im Bild) abzudecken.
- Geht der Ball wieder zurück zu 🔺3 (Bild 2), positionieren sich beide Abwehrspieler defensiv.
- Beim Pass von 🔺3 zu 🔺2 (F), tritt 🟢1 offensiv auf 🔺1 heraus (G) und verhindert ein Zuspiel von 🔺2 (H), 🟢2 deckt lange Pässe auf die rechte Seite ab (J).
- Nach einigen Aktionen die Abwehrspieler tauschen.

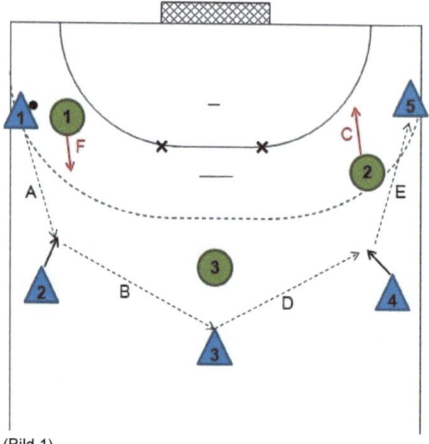

(Bild 1)

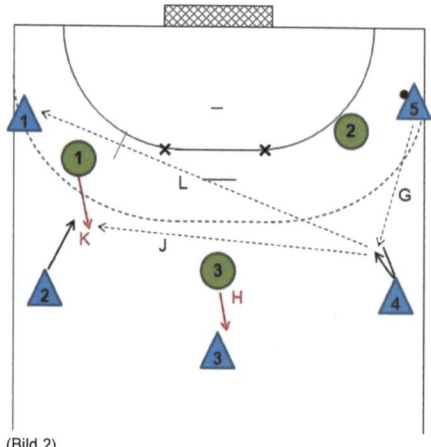

(Bild 2)

| Nr. 31 | Außenpressing mit 1gegen1 | 9 | ★★ |

Benötigt: 4 Hütchen, 2 Ballkisten mit ausreichend Bällen

Aufbau:
- Mit Hütchen zwei Korridore links und rechts markieren (s. Bild).

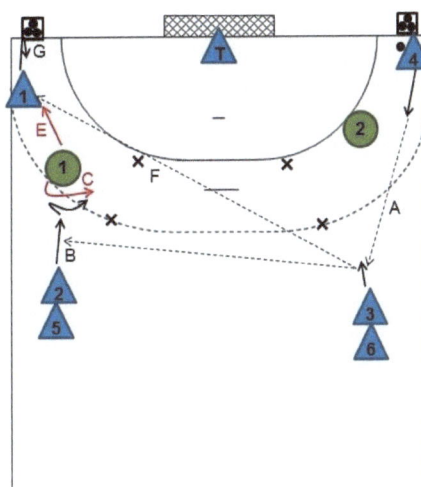

Ablauf:
- ▲4 bringt von rechts außen den Ball ins Spiel und passt zu ▲3 (A) in dessen leichte Stoßbewegung.
- ●1 postiert sich offensiv.
- ▲3 passt zu ▲2 in dessen Vorwärtsbewegung (B).
- ●1 tritt ▲2 entgegen, verteidigt im 1gegen1 (C) und verhindert einen Durchbruch von ▲2.
- Tritt ●1 zu früh heraus, kann ▲3 auch direkt zu ▲1 nach außen passen (F). ●1 soll diesen Pass frühzeitig erkennen, nach außen schieben (E) und dort den Wurf von ▲1 verhindern oder zumindest einen Wurf von weit außen erzwingen.

⚠ ▲1 und ▲2 sollen nach Erhalt des Balles im 1gegen1 in Richtung Tor gehen. Ein Abspiel ist nicht mehr erlaubt.

- Nach der 1gegen1-Situation holt ▲1 den nächsten Ball aus der Ballkiste (G) und startet den Ablauf von der anderen Seite mit ●2 in der Abwehr gegen ▲3 bzw. ▲4.

⚠ Die Abwehrspieler sollen in dieser Übung den Ball nicht abfangen, sondern die 1gegen1-Situation lösen.

⚠ Die Abwehrspieler regelmäßig wechseln.

Nr. 32 — 1gegen2 auf der Außenposition verteidigen | 8 | ★★★

Benötigt: 2 Ballkisten mit ausreichend Bällen

Aufbau:
- Zwei Hütchen wie im Bild aufstellen.

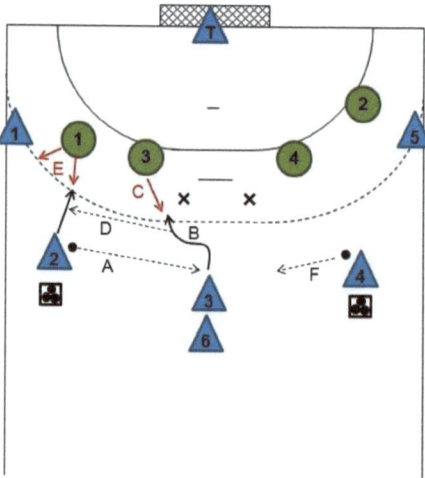

Ablauf:
- 2 passt als Auftakt zu 3 (A).
- 3 zieht von der Mitte deutlich nach links neben das Hütchen (B).
- 3 tritt 3 entgegen (C) und verhindert den Durchbruch.
- Durch die Abwehraktion von 3 gegen 3, kommt 1 in eine Abwehrsituation 2gegen1 (E), die 1 möglichst optimal lösen soll, z. B. indem 1 direkt den Pass zu 2 (D) attackiert oder 2 nach Erhalt des Balles am Weiterspielen zu 1 hindert.
- Nach der Aktion startet der Ablauf auf der anderen Seite mit Pass von 4 zu 6 (F).
- Nach einigen Aktionen die Abwehrspieler wechseln.

⚠️ In der 2gegen1-Unterzahlsituation in der Abwehr müssen 1 und 2 sich schnell für eine Abwehraktion entscheiden (Pass attackieren, den Rückraumspieler blockieren).

Kategorie: Arbeit in der Kleingruppe

1. Zusammenarbeit in der Breite

Nr. 33	2gegen2 mit schnellen Wechseln	6	★★
Benötigt: 7 Hütchen, 1 Ball			

Aufbau:
- Mit Hütchen drei Zielbereiche (Hütchentore) aufstellen.
- Ein Hütchen in die Mitte des Spielfelds stellen.

Ablauf:
- ▲1 und ▲2 spielen im 2gegen2 gegen ●1 und ●2.
- ▲1 und ▲2 versuchen dabei, durch Kreuzbewegungen (A) oder einfaches Durchbrechen (B), einen Spieler mit Ball auf die Linie zwischen den beiden Hütchen zu stellen.
- Die Abwehrspieler sollen durch dynamisches Attackieren und klare Absprachen untereinander (übergeben/übernehmen) das Durchbrechen der Angreifer verhindern (C).
- Gelingt es, die Angreifer „fest zu machen" oder aus dem Spielfeld zu drängen, bekommt die Abwehr einen Pluspunkt, die Angreifer bekommen einen Minuspunkt.
- Gelingt dem Angriff der Durchbruch, werden die Punkte umgekehrt verteilt.
- Danach gehen ▲1 und ▲2 sofort in die Gegenbewegung, umlaufen das Hütchen in der Mitte (D) und spielen als nächste Aktion im 2gegen2 gegen ●3 und ●4.
- Die Punkteverteilung erfolgt genau wie in der Aktion zuvor. Für jeden Minuspunkt (max. 2 bei 2 Aktionen – eine Angriffs- und eine Abwehraktion) müssen die Spieler z. B. fünf Liegestützen machen. Bei null oder zwei Punkten müssen sie keine Zusatzaufgabe erfüllen.

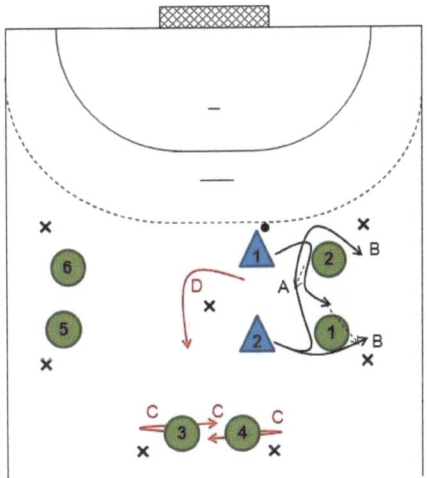

(Bild 1)

(Bild 2)

- ③ und ④ spielen dann gegen ⑤ und ⑥ im 2gegen2. ⑤ und ⑥ danach gegen ▲1 und ▲2 im 2gegen2 usw.

⚠ Die beiden Abwehrspieler sollen mit hoher Dynamik gegen die Angreifer agieren und mit klaren Absprachen das Übergeben/Übernehmen organisieren.

Zwischenübung nach den beiden aufeinanderfolgenden Aktionen (einmal Abwehr und einmal Angriff)
- Zuerst werden eventuelle Liegestützen erledigt.
- Dann stellen sich beide Spieler neben ein Hütchen und beginnen gleichzeitig, schnell einbeinig auf der Stelle zu springen (E):
    o nach links
    o nach vorne
    o nach rechts
    o und zum Schluss hinter eine gedachte Linie auf dem Boden.
- Nach dem letzten Sprung gehen die Spieler sofort dynamisch in die Seitwärtsbewegung zum gegenüberstehenden Hütchen (F), berühren es und laufen sofort wieder dynamisch zurück zum Ausgangspunkt (G).
- Danach warten ③ und ④ auf ihre nächste 2gegen2-Abwehraktion.
- Usw.

(Bild 3)

| Nr. 34 | 3gegen3 | 10 | ★★ |

Benötigt: 2 Hütchen, 1 Ball

Grundablauf:

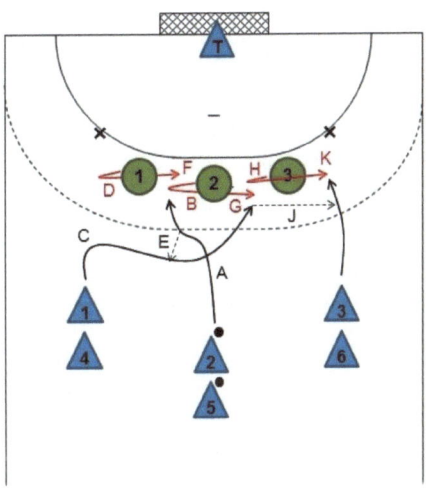

- 1, 2 und 3 spielen in der Abwehr im 3gegen3 immer im Wechsel gegen 1, 2 und 3 und gegen 4, 5 und 6.
- 1, 2 und 3 sollen durch einfache Kreuzbewegungen versuchen, 1, 2 und 3 auszuspielen.
- Die Angriffsspieler sollen nicht an den Kreis übergehen, sondern nach einer Kreuzbewegung wieder aus dem 9-Meter-Kreis herauslaufen.

Ablauf für die Abwehr beim Übergeben/Übernehmen:

- 2 stößt mit Ball dynamisch zwischen 1 und 2 (A).
- 2 begleitet die Bewegung (B).
- 1 stößt zuerst 1-2 Schritte geradeaus mit.
- 1 reagiert auf diese Bewegung und verschiebt etwas (D).
- 1 nimmt nun die Kreuzbewegung von 2 an, läuft dynamisch nach rechts und bekommt den Ball gespielt (E).
- 2 und 1 sollen nun deutlich miteinander kommunizieren und sich absprechen, wann die Übergabe von 1 und 2 erfolgt (F und G).
- 1 stößt, begleitet durch 2 (G), nach rechts in die Lücke zwischen 2 und 3.
- 3 soll die Lücke zu 2 etwas verkleinern (H), aber beim Pass von 1 zu 3 (J) nach außen verschieben und ein Durchbrechen von 3 verhindern (K).

Gesamtablauf:

- Die beiden angreifenden Mannschaften (1, 2 und 3 und 4, 5 und 6) machen im Wechsel je drei Angriffsaktionen (insgesamt sechs Angriffsaktionen). Jeder Torerfolg bedeutet am Ende für 1, 2 und 3 z. B. fünf Liegestützen (also max. 6*5 = 30 Liegestützen).
- Jede nicht erfolgreiche Angriffsaktion bedeutet für die jeweilige angreifende Mannschaft z. B. ebenfalls fünf Liegestützen (also max. 3*5 = 15 Liegestützen).

⚠ Die drei Abwehrspieler sollen permanent miteinander kommunizieren und so klare Zuordnungen schaffen.

| Nr. 35 | 3gegen3 im Überschlag | 9 | ★★ |

Benötigt: 4 Hütchen, 1 Ball

Aufbau:
- Zwei Linien mit Hütchen abstecken.
- Drei Mannschaften mit je drei Spielern bilden.

Ablauf:
- 🔺1, 🔺2 und 🔺3 spielen im 3gegen3 gegen 🟢1, 🟢2 und 🟢3.
- 🔺1, 🔺2 und 🔺3 sollen durch Kreuzbewegungen (A und B) oder durch 1gegen1-Aktionen versuchen, durchzubrechen und einen Fuß auf die Linie zwischen den beiden Hütchen zu stellen (C).
- Danach starten 🟢1, 🟢2 und 🟢3 sofort in den Angriff und spielen im 3gegen3 gegen 🔺1, 🔺2 und 🔺3 (E), ebenfalls mit dem Ziel, einem Spieler mit Ball den Durchbruch zur Linie zwischen den Hütchen zu ermöglichen.
- Nach der Aktion starten 🔺1, 🔺2 und 🔺3 sofort in den Angriff und spielen gegen 🔺1, 🔺2 und 🔺3 im 3gegen3.
- Usw., bis jede Mannschaft 10 Angriffsaktionen absolviert hat.

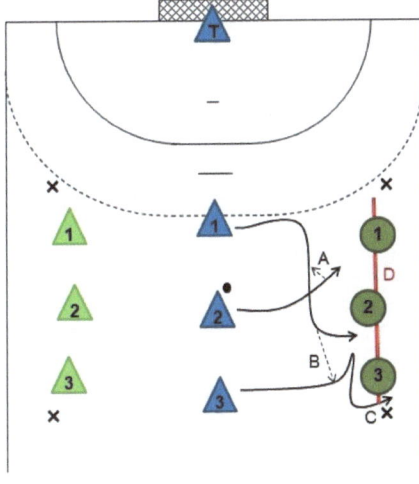

(Bild 1)

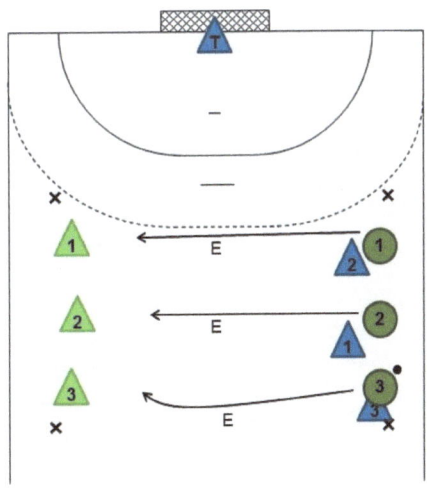

(Bild 2)

Gesamtablauf:
- Jede Mannschaft macht 10 Angriffsaktionen. Für jeden Durchbruch (der Spieler schafft es, mit dem Ball einen Fuß auf die Linie zwischen den beiden Hütchen zu stellen) bekommt der Angriff einen Punkt.
- Nach den 10 Aktionen muss die Mannschaft mit den wenigsten Punkten z. B. 20 Liegestützen und die Mannschaft mit den zweitwenigsten Punkten 10 Liegestützen machen.

⚠ Die abwehrenden Spieler sollen keine Manndeckung spielen, sondern weitgehend auf einer Linie agieren (D), auf den Ballhalter heraustreten und wieder zurücksinken.

⚠ Die abwehrenden Spieler sollen durch klare Absprachen die angreifenden Spieler annehmen und übergeben.

⚠ Schafft es die Abwehr, einen Spieler gemäß der Handballregel so festzumachen, dass keine Aktion mehr möglich ist, wechselt der Ballbesitz und die Abwehrspieler starten in ihren Angriff auf die andere Seite.

| Nr. 36 | 1gegen1 und 2gegen2 kombiniert | 7 | ★★ |

Benötigt: 2 Stangen, 4 Hütchen, ausreichend Bälle

Aufbau:
- Zwei Fahnenstangen rechts und links neben dem 6-Meter-Kreis aufstellen.
- Mit zwei Hütchen links und rechts an der Mittellinie den Laufweg markieren, mit zwei weiteren Hütchen den Spielbereich in der Mitte abstecken (s. Bild).
- Bälle neben dem Tor bereitlegen.

Ablauf:
- ① und ② starten auf Pfiff des Trainers gleichzeitig und versuchen, im 1gegen1 ohne Ball an den Abwehrspielern vorbeizugehen und die Fahnenstange zu berühren (A).
- ① und ② verhindern das Berühren der Stange so lange wie möglich (B).
- Der Torhüter steht mit Blick zum Tor, macht beim Pfiff des Trainers zwei Liegestützen und berührt dann nacheinander (C) die vier Ecken des Tors (links hoch, rechts hoch, links tief, rechts tief, links hoch usw.).

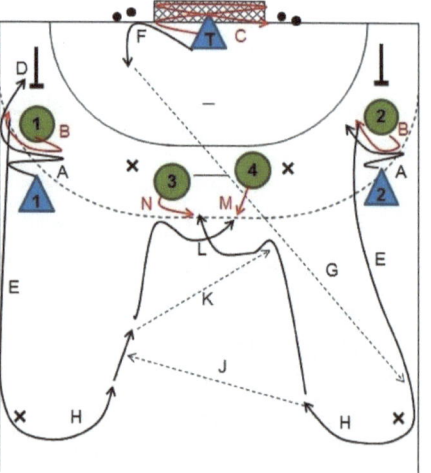
(Bild 1)

(Bild 2)

- Gelingt einem Spieler das Berühren der Stange (D), ruft der Spieler laut „STOPP".
- Dies ist das Kommando für ① und ②, sofort auf die andere Seite zu starten (E) und für den Torhüter, einen Ball zu holen (F) und zu einem der laufenden Spieler zu passen (G).

(Bild 3)

- ① und ② umlaufen die Hütchen und starten (H) in einen Angriff 2gegen2 (J, K und L) gegen ③ und ④ (Bild 3), die versuchen, einen Durchbruch zum Tor zu verhindern (N und M).
- Nach Wurf oder Unterbinden des Angriffs werden ▲1 und ▲2 zu den nächsten Abwehrspielern im 1gegen1. ① und ② wechseln in die Abwehr im 2gegen2, zwei neue Angreifer für das 1gegen1 kommen hinzu und ③ und ④ stellen sich an und warten, bis sie als Angreifer im 1gegen1 an der Reihe sind.

⚠ ① und ② müssen beim Kommando „STOPP" sofort umschalten und in den folgenden Angriff starten. Auch der Torhüter muss aufmerksam auf das Kommando hören und einen Ball sichern.

⚠ ③ und ④ sollen sich im 2gegen2 absprechen und bei Kreuzbewegungen bei Bedarf übergeben und übernehmen.

Nr. 37	2gegen2 mit schnellem Umschalten	7	★★
Benötigt: 4 Turnmatten, 2 Hütchen, Ballkiste mit ausreichend Bällen, Pfeife			

Aufbau:
- Vier Turnmatten und zwei Hütchen wie abgebildet aufbauen.
- Ballkiste mit Ersatzbällen bereitstellen.

Ablauf:
- 1 und 2 spielen im 2gegen2 gegen 1 und 2 und versuchen, im Zusammenspiel zum Abschluss zu kommen (A, B und C).
- Nach der 2gegen2-Aktion laufen 1 und 2 sofort auf ihre dünne Turnmatte (D), machen dort einen Purzelbaum (E), laufen danach in der Seitwärtsbewegung am 6-Meter-Kreis entlang (F) um das Hütchen und stellen sich wieder in die Abwehr (G).
- Auf das Signal von T (H) starten 3 und 4 und laufen zur dünnen Turnmatte, machen dort einen Purzelbaum (J) und starten danach ihre 2gegen2-Aktion gegen 1 und 2 (K).
- Nach fünf Durchgängen die Abwehrspieler tauschen.

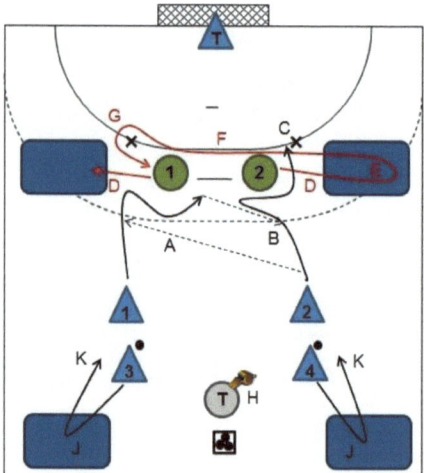

⚠ T soll sein Startsignal (H) so abstimmen, dass 3 und 4 die Angriffsaktion starten können, wenn 1 und 2 gerade wieder in der Abwehr angekommen sind.

2. Zusammenarbeit in der Tiefe

Nr. 38	2gegen2 – Abwehr gegen Rückraum und Kreisläufer	8	★★
Benötigt: 2 Hütchen, Ballkiste mit ausreichend Bällen			

Ablauf:

- 1 und 2 verteidigen im 2gegen2 gegen einen Rückraumspieler und einen Kreisläufer.
- 1 passt zu 5 (A) und stößt (B) in den Rückpass (C).
- Die Abwehr agiert nach Absprache:

Bild 1:

- o Kommt 1 auf der Halbposition auf die Abwehr zu (D), tritt 1 heraus und agiert im 1gegen1 gegen 1 (E).
- o 2 verhindert das Anspiel an den Kreisläufer (H), auch wenn der Kreisläufer in die Lücke hinter 1 läuft (F).

Bild 2:

- o Nimmt 1 den weiten Weg über die Mitte (J), tritt 2 auf 1 heraus (K).
- o 1 muss sich in diesem Fall schnell postieren, um den Pass (M) zum Kreisläufer abzuschirmen (L).

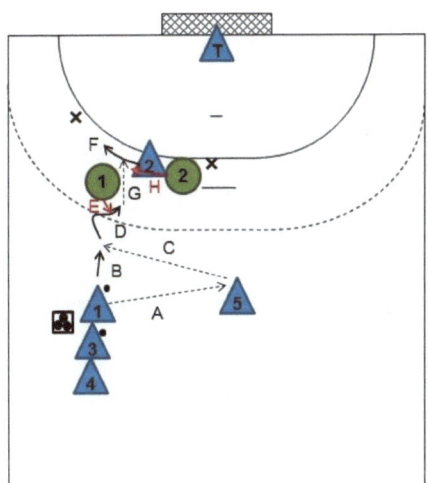

Bild 1

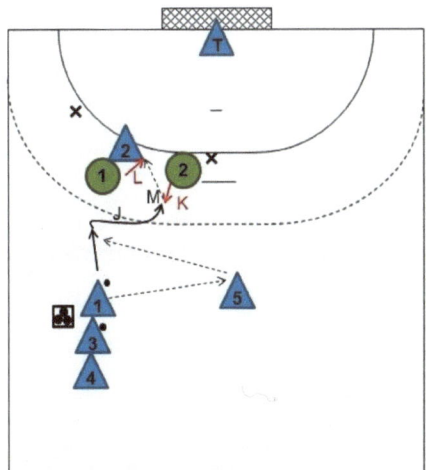

Bild 2

⚠ Die Abwehrspieler müssen sich absprechen, wer heraustritt und wer den Kreisläufer abdeckt.

⚠ Abwehrspieler regelmäßig wechseln.

(Bild 3)

| Nr. 39 | 2gegen2 gegen Sperre-Absetzen in zwei Varianten | 9 | ★★ |

Benötigt: 2 Hütchen, Ballkiste mit ausreichend Bällen

Aufbau:
- Mit Hütchen einen Korridor markieren.

Ablauf:
- 1 passt zu 2 (A), läuft an und bekommt von 2 den Rückpass in den Lauf (B).
- 6 versucht im Moment des Rückpasses (B), eine Sperre bei 1 zu stellen (C).
- 1 bricht zur Mitte ab (D) und versucht, entweder zum Wurf zu kommen oder den Kreisläufer anzuspielen.

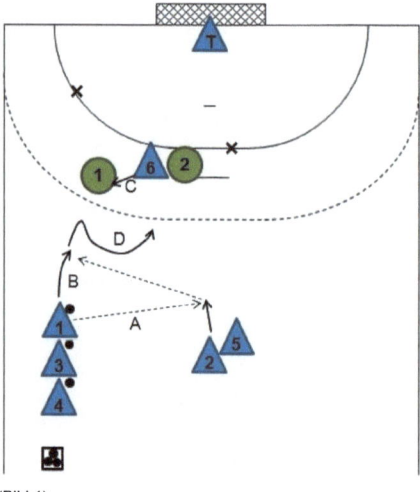

(Bild 1)

- Die Abwehrspieler verteidigen gegen den Ablauf und versuchen, ein Tor zu verhindern.
- Nach einigen Aktionen werden die Aufgaben getauscht. Jeder Spieler soll zweimal in der Abwehr spielen, um beide Abwehrvarianten auszutesten.

Abwehrvariante 1 (Bild 2):
- 2 sagt die Sperre an und übernimmt selbst den zur Mitte einbrechenden Angreifer 1 (E). 1 verteidigt dann gegen 6. Beim Versuch von 6, sich abzusetzen (F) und den Pass von 1 zu erhalten (G), muss 1 versuchen, den Pass vor 6 zu erreichen (H), obwohl 6 einen Stellungsvorteil hat.

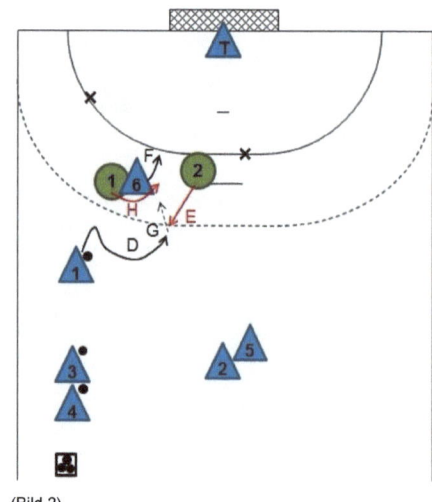

(Bild 2)

Abwehrvariante 2 (Bild 3):

- ② sagt die Sperre deutlich an.
- ① versucht durch Bewegung nach vorne, sich aus der Sperre zu lösen (J) und das Einbrechen von ① in die Mitte zu verteidigen (K), ② bleibt bei ⑥ und verhindert den Pass zu ⑥ (L).

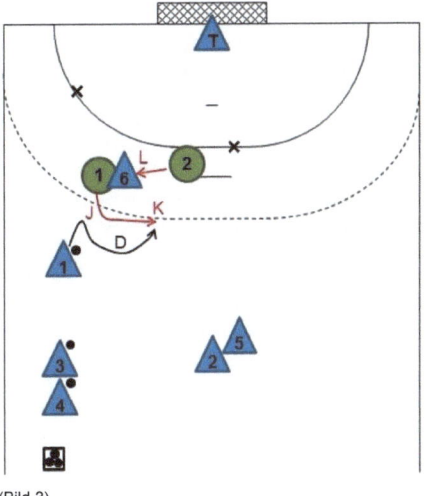

(Bild 3)

Nr. 40	1gegen1 und 2gegen2 in der Tiefe	10	★★

Benötigt: 6 Hütchen, Ballkiste mit ausreichend Bällen, 1 Fahnenstange

Aufbau:
- Mit sechs Hütchen die Spielbereiche für das 1gegen1 und das 2gegen2 markieren (s. Bild).
- Eine Fahnenstange zur Markierung des Laufwegs aufstellen, eine Ballkiste mit ausreichend Bällen in der Mitte bereitstellen.

Ablauf:
- ③ bringt einen Ball mit Pass zu ① ins Spiel (A).
- ① kann dann Doppelpässe mit ② (B) oder ③ (F) spielen und versucht jeweils nach dem Rückpass, im 1gegen1 an ① vorbei zum Tor durchzubrechen (D).
- ① berührt beim Pass zu einem Anspieler immer das jeweilige hintere Hütchen (C und H) und versucht im Anschluss, den Durchbruch zum Tor zu verhindern (E).

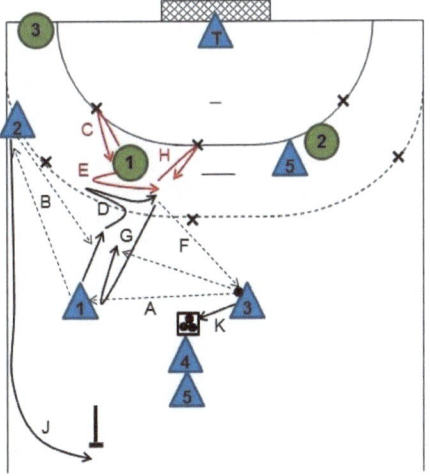

(Bild 1)

- Gelingt 1 der Durchbruch nicht, spielt er den nächsten Doppelpass mit einem Anspieler (F), zieht sich zurück (G) und versucht es erneut.
- Insgesamt darf 1 drei Doppelpässe mit den Anspielern spielen und drei Versuche starten, zum Torabschluss zu kommen.
- Nach einem Durchbruch oder dem dritten verhinderten Durchbruchversuch startet 2 sofort um die Fahnenstange (J), bekommt einen zweiten Ball von 3 und spielt zusammen mit 5 am Kreis im 2gegen2 (M, N und O) gegen 1, der ins andere Feld wechselt (P und R) und 2 (Q).

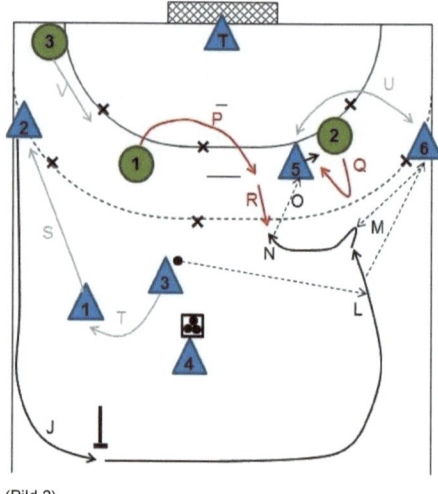

(Bild 2)

- 2 darf im 2gegen2 ebenfalls dreimal Doppelpässe mit einem der beiden Anspieler 3 oder 6 spielen und nach dem Rückpass das 2gegen2 einleiten.
- Nach Wurf oder dem dritten verhinderten Angriffsversuch im 2gegen2 wechselt 1 auf die Ausgangsposition von 2 (S), 3 wird der nächste Angreifer im 1gegen1 (T), 5 wechselt die Position mit 6 (U), ein neuer Abwehrspieler (3) kommt für das 1gegen1 hinzu (V). 2 hat einen Angriff Pause in der Abwehr und verteidigt im übernächsten Angriff im 1gegen1, 4 wird der neue Anspieler.
- Nach neun Durchläufen für die Abwehrspieler 1, 2 und 3 werden die Aufgaben komplett getauscht (Angriffsspieler, Abwehr und Kreisläufer).

Training für defensive und halboffensive Abwehrkooperationen im Handball
60 Übungen – Vom 1gegen1 über die Kleingruppe bis zur Abwehr im Team

Nr. 41	Abwehr gegen Außen, Rückraum und Kreisläufer im 3gegen3	10	

Benötigt: 1 Hütchen, Ballkiste mit ausreichend Bällen

Ablauf:

- Es wird im 3gegen3 gespielt mit Außenspieler, Rückraumspieler und Kreisläufer. dient als Anspieler.
- 3 passt zu 6 (A) und bekommt den Rückpass (C) in die Stoßbewegung (B).
- In Anschluss macht 3 Druck auf die Abwehr (D) und versucht, mit Außen (F) oder Kreisläufer (E) zusammenzuspielen.
- Die Abwehr spricht sich ab, wer auf den Rückraumspieler heraustritt (G) und wer den Kreis abdeckt (H).
- Bei einem Durchbruchversuch wird in der Abwehr ausgeholfen (J).

Wettkampf:

- Jede Abwehrgruppe spielt 10 Aktionen. Wer bekommt die wenigsten Tore (freien Würfe)?

⚠ Die Abwehr regelmäßig wechseln.

Kategorie: Kooperation im Team

1. 6:0 Abwehr

Nr. 42	5gegen5 – 1gg1 verteidigen und helfen	11	★★★
Benötigt: Ballkiste mit ausreichend Bällen			

Ablauf:

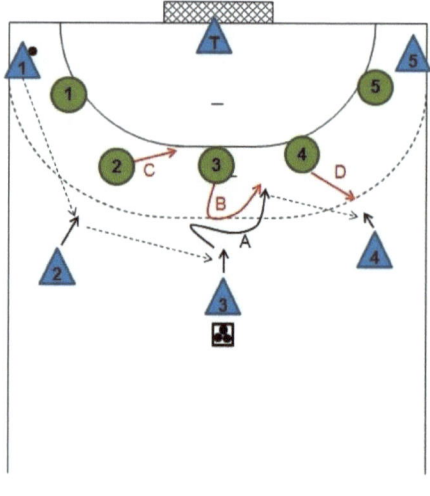

- Zwei Mannschaften spielen im 5gg5 gegeneinander. Dabei halten die Angreifer ihre Position (kein Kreuzen oder Einlaufen).
- Die Angreifer versuchen, im 1gg1 zum Erfolg zu kommen (A), die Abwehrspieler treten den Angreifern entgegen und verteidigen im 1gg1 (B).
- Die benachbarten Abwehrspieler begrenzen den Raum (C) und helfen, falls notwendig. Sie müssen das richtige Timing für das Heraustreten in die eigene Abwehraktion (D) finden.
- Nach jedem Torerfolg (oder erfolgreich gestopptem Angriff) wechseln die Angreifer eine Position weiter nach links (Linksaußen wechselt nach Rechtsaußen), sodass jeder Angreifer einmal auf jeder Position spielt.
- Nach fünf Angriffen werden die Aufgaben getauscht.
- Welche Mannschaft erzielt mehr Tore?

| Nr. 43 | Arbeit gegen den Kreisläufer im Mittelblock (Unterzahlabwehr) | 9 | ★★★ |

Benötigt: 2 Hütchen, 2 Ballkisten mit ausreichend Bällen

Aufbau:
- Mit Hütchen einen **engen** Spielraum markieren, damit die Abwehrarbeit erleichtert wird.
- 1 und 5 dienen als Anspielstationen.

Ablauf.
- 1 bringt den Ball ins Spiel und passt den Ball 2 in den Lauf (A).
- 6 positioniert sich, wenn der Ball von 1 ins Spiel gebracht wird, zwischen 1 und 2.

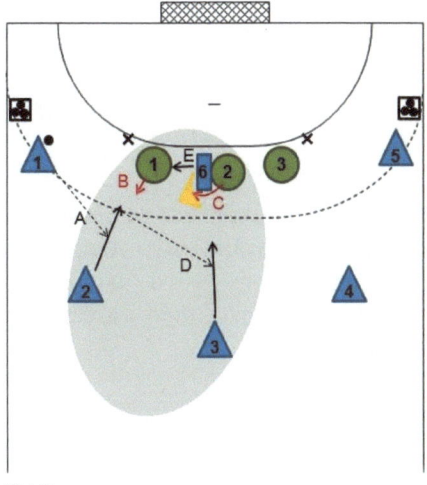
(Bild 1)

- 2 stößt mit Ball Richtung Abwehr. 1 tritt dieser Bewegung entgegen (B).
- 2 versucht in dieser Überzahlsituation (grauer Bereich) durch Umgreifen von hinten (C) und Abschirmen der Hände des Kreisläufers, den Pass von 2 zu 6 zu verhindern (gelber Bereich).
- 2 spielt den Ball 3 in die Laufbewegung (D) und 6 stellt die Sperre bei 1 (E).
- 1 versucht in dieser Überzahlsituation (grauer Bereich) durch Umgreifen von hinten (F) und Abschirmen der Hände des Kreisläufers, den Pass von 3 zu 6 zu verhindern (gelber Bereich).
- Danach wird der Ball weiter bis auf außen gespielt (G), 6 positioniert sich zwischen 2 und 3 (H) und der Ablauf wiederholt sich von der anderen Seite.

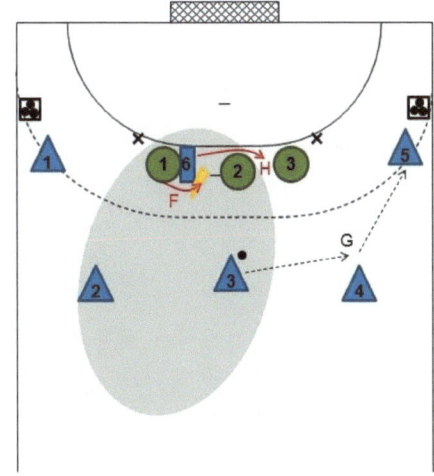
(Bild 2)

- ② versucht in der Überzahlsituation (grauer Bereich) durch Umgreifen von hinten (J) und Abschirmen der Hände des Kreisläufers, den Pass von ④ zu ⑥ zu verhindern (gelber Bereich) usw.

⚠ Die Abwehrspieler sollen mit dieser „Notfallstrategie" in Unterzahl versuchen, so lange wie möglich das Zusammenspiel mit dem Kreis zu verhindern.

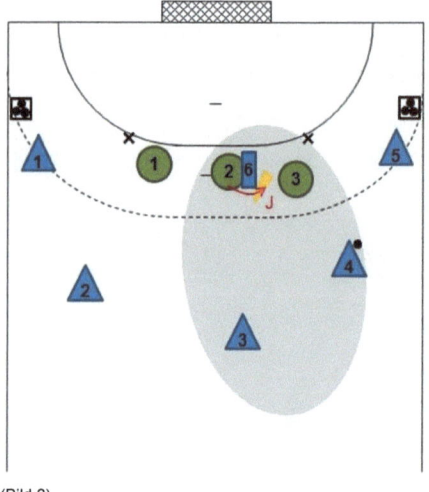

(Bild 3)

⚠ Die Angreifer sollen zu Beginn der Übung der Abwehr Zeit geben, sich zu positionieren und abzusprechen. Mit zunehmender Übungsdauer versuchen die Angreifer dann, mit eigenen 1gegen1-Aktionen und dem Zusammenspiel mit ⑥ die Abwehr auszuspielen.

Training für defensive und halboffensive Abwehrkooperationen im Handball
60 Übungen – Vom 1gegen1 über die Kleingruppe bis zur Abwehr im Team

Nr. 44	Arbeit im Mitelblock einer defensiv stehenden 6:0-Abwehr	13	★★★
Benötigt: 2 Hütchen, Ballkiste mit ausreichend Bällen			

Aufbau:

- ①, ②, ③ und ④ spielen im 4gegen4 im markierten Spielfeld gegen ▲1, ▲2, ▲3 und ▲4.

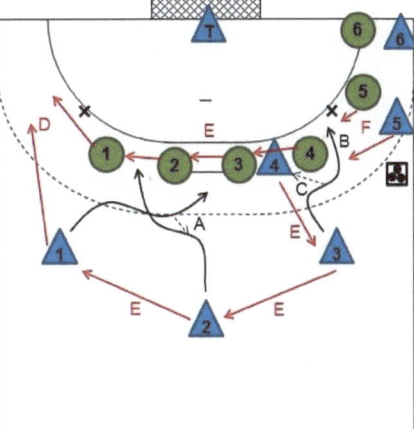

Ablauf:

- ▲1, ▲2 und ▲3 dürfen durch einfache Kreuzbewegungen (A), 1gegen1 mit Durchbruch (B) oder durch Zusammenspiel mit ④ versuchen, zum Abschluss zu kommen.

- Nach der Aktion gehen ▲1 und ① zur Seite (D); ②, ▲2, ③, ▲3, ④ und ▲4 rutschen je eine Position weiter (E).

- Von außen stoßen ⑤ und ▲5 dazu (F).

- Hat der Angriff ein Tor erzielt (A, B und C), muss ① nach dem Verlassen der Abwehr (D) z. B. 10 Liegestützen machen. Gelingt es der Abwehr, ein Tor zu verhindern, muss ▲1 die 10 Liegestützen machen.

⚠ Die Abwehrspieler sollen sich durch permanentes Kommunizieren in Hinblick auf Kreuzbewegungen und das Abdecken des Kreisläufers absprechen.

| Nr. 45 | Arbeit im Mitelblock einer offensiv agierenden 6:0 Abwehr | 11 | ★★★ |

Benötigt: 2 Hütchen, 1 Ball

Aufbau:
- Zwei Hütchen zur Spielfeldbegrenzung wie abgebildet aufstellen.
- Es wird im 4gegen4 gespielt. Die Angreifer dürfen mit dem Kreisläufer zusammenspielen und ihn anspielen, wenn es möglich ist.

Verteidigungssituation 1 (6 steht im Mittelblock zwischen 3 und 4):

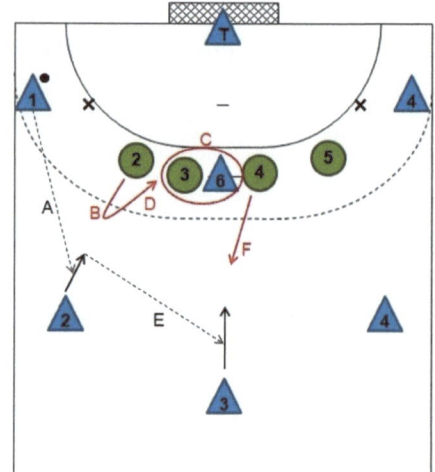

(Bild 1)

- Mit dem Pass von 1 zu 2 (A) tritt 2 deutlich vor die 9-Meter-Linie (B) und 3 übernimmt die Deckung von 6 (C).
- Mit dem Pass von 2 zu 3 (E) tritt 4 deutlich vor die 9-Meter-Linie und der Stoßbewegung entgegen (F).
    o 2 sinkt wieder nach hinten in den Abwehrverbund und unterstützt 3 (D).

⚠ Da in den meisten Fällen ein Rechtshänder auf Rückraum Mitte (3) spielt, tritt 4 hier der Wurfhand von 3 entgegen. Sollte ein Linkshänder auf Rückraum Mitte spielen, kann hier ein Aufgabenwechsel zwischen 3 und 4 sinnvoll sein und 3 tritt 3 entgegen.

Verteidigungssituation 2 (6 steht zwischen 2 und 3):

- Mit dem Pass von 1 zu 2 (A) tritt 2 deutlich vor die 9-Meter-Linie (H) und 3 schirmt 6 mit der Hand so ab, dass ein Anspiel von 2 nicht möglich ist (G).
- Mit dem Pass von 2 zu 3 (E) tritt 4 deutlich vor die 9-Meter-Linie und der Stoßbewegung entgegen (F).
  - 2 sinkt wieder nach hinten in den Abwehrverbund und unterstützt 3 (J).
- Zieht 2 beim Pass zur Mitte, können sich 2 und 3 abstimmen und die Aufgaben tauschen (wie in der Verteidigungssituation 3).

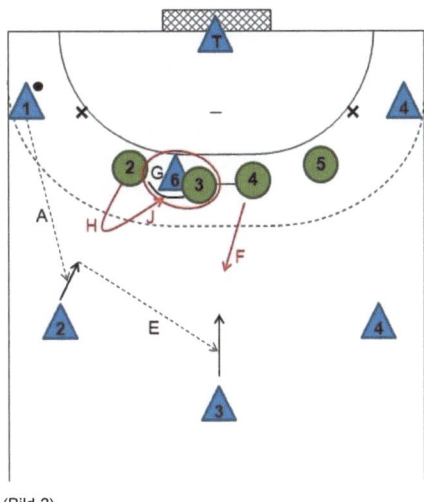
(Bild 2)

Verteidigungssituation 3 (6 steht zwischen 1 (nicht im Bild) und 2):

- 2 schirmt 6 mit der Hand so ab, dass ein Anspiel von 2 nicht möglich ist (K).
- Mit dem Pass von 1 zu 2 (A) tritt 3 deutlich vor die 9-Meter-Linie (L).
- Mit dem Pass von 2 zu 3 (E) tritt 4 deutlich vor die 9-Meter-Linie und der Stoßbewegung entgegen (F).
  - 3 sinkt wieder nach hinten in den Abwehrverbund und unterstützt 2 und 4 (M).

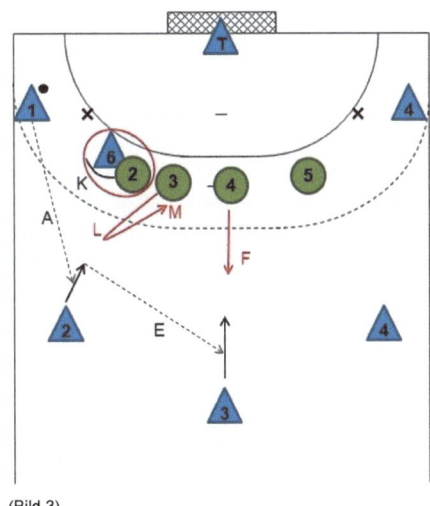
(Bild 3)

⚠️ Die Abwehrspieler sollen permanent die Kreisposition von 6 kommunizieren und miteinander absprechen, wer offensiv dem Ballhalter entgegentritt.

| Nr. 46a | Arbeit auf den Außenpositionen in einer offensiv agierenden 6:0-Abwehr – Vorübung | 10 | ★★★ |

Benötigt: 2 Ballkisten mit ausreichend Bällen

Aufbau:
- Reservebälle bereitlegen.

Ablauf:
- 1 startet den Ablauf, prellt im Bogen nach innen und passt den Ball 2 in die Laufbewegung (A).
- 1 begleitet die Bewegung von 1 (B).
- Nach dem Pass zieht sich 1 sofort wieder zurück auf die Ausgangsposition (C).
- 2 passt den Ball weiter in die Laufbewegung von 3 (D).
- Mit dem Pass (D) tritt 1 weiter nach vorne Richtung 2 (E).

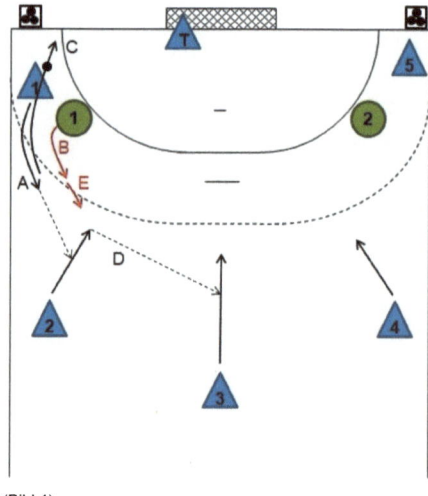
(Bild 1)

⚠ Es soll ein direkter Rückpass in ein eventuell sofortiges Nachstoßen von 2 verhindert werden, da sich der Halbabwehrspieler bereits in der Rückwärtsbewegung befindet.

- Mit dem Pass von 3 zu 4 (F) und dem Zurückziehen von 2 (G), rückt 1 weiter nach vorne (H).

⚠ Es soll ein Expresspass von 4 zurück in die Laufbewegung von 2 Richtung Tor verhindert werden.

- 3 zieht sich nach seinem Pass sofort wieder zurück auf die Ausgangsposition (J).

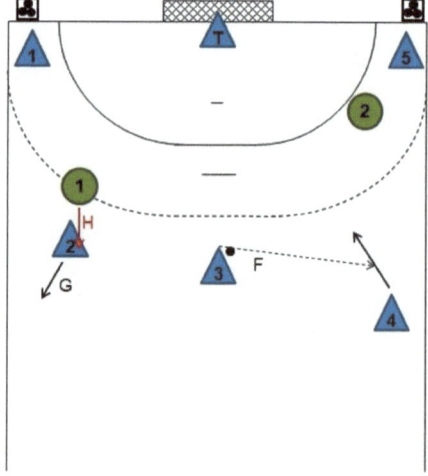
(Bild 2)

- 5 macht zuerst eine Lauftäuschung Richtung Tor (K), kommt im Bogen angelaufen und bekommt von 4 den Ball in die Laufbewegung gepasst (L).
- 2 begleitet die Bewegung von 5 (M).
- 4 zieht sich nach seinem Pass sofort zurück, stößt gegen und bekommt den Ball von 5 zurück in die Stoßbewegung (N).

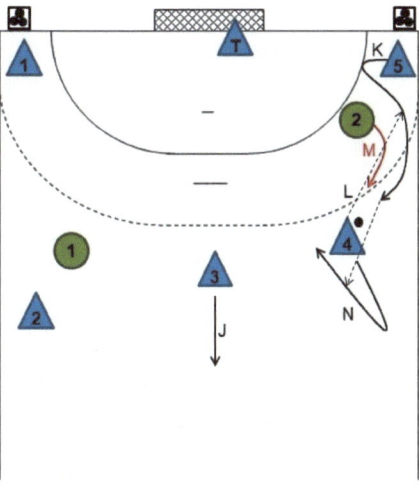

(Bild 3)

- 4 passt den Ball weiter in die Laufbewegung von 3 (O).
- Beim Pass (O) tritt 2 etwas nach vorne Richtung 4 (P) und 1 lässt sich wieder nach hinten sinken (Q).
- Mit dem Pass von 3 zu 2 (R) und dem Zurückziehen von 4 (S), rückt 2 weiter nach vorne (T) und 1 nimmt dynamisch seine Position in der Abwehr gegen 1 wieder ein (U).

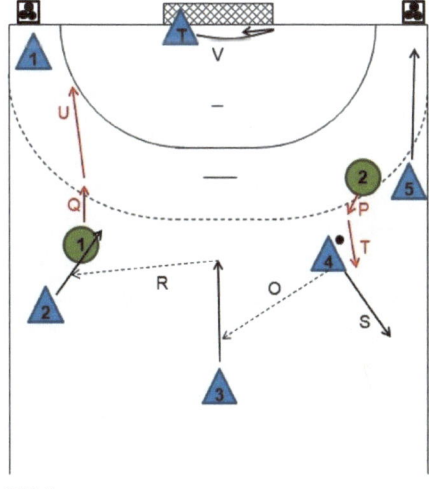

(Bild 4)

⚠ Auch hier soll der Expresspass von 2 in die dynamische Stoßbewegung Richtung Tor von 4 verhindert werden.

- T bewegt sich auf Ballhöhe im Tor mit (V).

Gesamtablauf:
- Die Angreifer sollen die Passgeschwindigkeit mit zunehmender Übungsdauer steigern.
- Die Abwehrspieler regelmäßig austauschen.

Erweiterung:
- Die Angreifer dürfen jetzt auch versuchen, die Außenspieler direkt mit einem langen Pass anzuspielen (W).
    - ① muss jederzeit die Aktionen der Angreifer (③, ④ und ⑤) aufmerksam beobachten und, sobald eine Passaktion Richtung ① erkennbar ist (W), sofort zurück nach Außen laufen (X).
    - Der gegenüberliegende Außen (②) muss seinen Angreifer so attackieren (Y), dass der Pass zu ① nicht ungestört erfolgen kann.

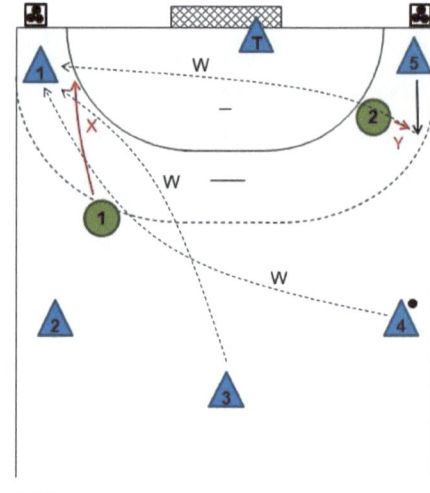

(Bild 5)

⚠️ ① und ② müssen mit schneller Beinarbeit die Vorwärts- und Rückwärtsbewegungen absolvieren und dabei immer den Ballhalter im Auge behalten, um ein langes Anspiel zu ihrem Außen früh zu erkennen.

Nr. 46b — Arbeit auf den Außenpositionen in einer offensiv agierenden 6:0-Abwehr – Hauptübung

Benötigt: 1 Hütchen, 2 Ballkisten mit ausreichend Bällen

Aufbau:
- Ein Hütchen als Spielfeldbegrenzung in der Mitte aufstellen.
- Reservebälle bereitlegen.

Spielsituation 1: Einlaufender Außenspieler
- Die Außenabwehrspieler agieren wie in Übung 46a.
- Wenn 1 von außen einläuft (A) und 1 sich in der deutlich vorderen Position bei 2 befindet, muss von 2 die deutliche Ansage an 1 erfolgen, dass er 2 übernehmen muss:

    o 1 übernimmt 2, bleibt präsent in seiner Nähe (soll aber nach Möglichkeit die direkte 1gegen1-Aktion verhindern (Abstand groß genug wählen)) und begleitet seine Laufbewegung (B und C).
    o 2 tritt dem Einlaufen von 1 entgegen und übernimmt ihn (D).
    o 1 darf bis zum Hütchen agieren und die Angreifer können jetzt auch versuchen, ihn anzuspielen (E).

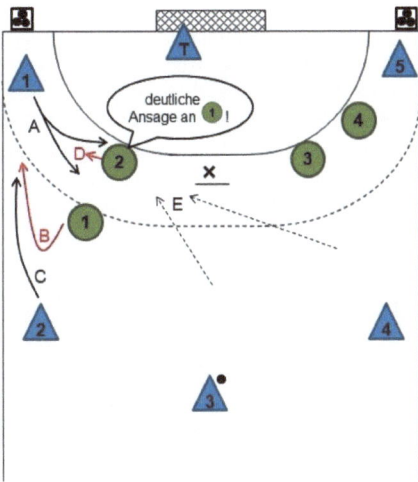
(Bild 1)

Spielsituation 2: Expressrückpass Halb auf Halb

- Beim schnellen Rückpass von ▲4 zu ▲2 (F), bleibt ●1 ebenfalls vorne bei ▲2, soll aber eine direkte 1gegen1-Situation vermeiden und eventuell mit ▲2 nach hinten sinken (G und H).

⚠ Die 1gegen1-Aktion soll hier vermieden werden, da der Angreifer in der Bewegung kommend viel Bewegungsraum nach rechts und links hat und der Abwehrspieler keine Unterstützung von Nebenspielern erhalten kann.

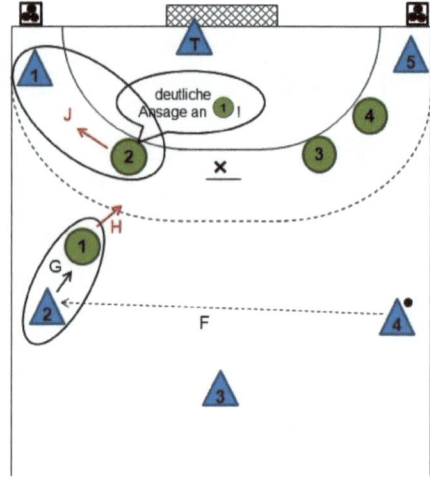
(Bild 2)

- ●2 übernimmt ▲1 und sagt das ●1 deutlich an (J).
- Sobald der Ball von ▲2 wieder nach rechts zu ▲3 oder ▲4 gespielt wird, wird wieder wie zuvor agiert und ●1 sinkt wieder zurück.

⚠ Die Abwehrspieler sollen aufmerksam darauf achten, ob ein Außenangreifer einläuft oder ein schneller Rückpass gespielt wird und sofort mit Absprache darauf reagieren.

Nr. 47	Arbeit in einer offensiv agierenden 6:0-Abwehr – Zielübung zu 45, 46a und 46b	13	★★★
Benötigt: 1 Ball			

Aufbau:
- Zwei Mannschaften spielen im 6gegen6 gegeneinander, und es werden die Abläufe aus den drei vorhergehenden Übungen (45, 46a und 46b) angewendet.

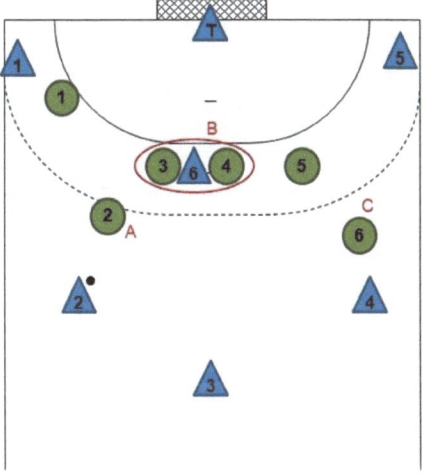

Regel 1:
- Bei Ballbesitz auf Außen treten der ballnahe Halbabwehrspieler (A) und der ballferne Außen (C) aktiv deutlich vor die 9-Meter-Linie heraus. Es soll allerdings eine direkte 1gegen1-Situation durch Nach-hinten-Sinken vermieden werden.
- Wird ein Durchbruch- oder Wurfversuch des Rückraumspielers erkennbar, muss der Abwehrspieler sofort und dynamisch die Aktion unterbinden.

Regel 2:
- Die Position von 6 muss permanent abgesprochen und es muss darauf reagiert werden (B).

Regel 3:
- Der Außenabwehrspieler tritt auf der ballfernen Seite deutlich auf den Rückraumspieler heraus.
- 6 muss dabei aber die ganze Zeit den Ballhalter beobachten, damit er frühzeitig ein Anspiel zu seinem Außenangreifer verteidigen kann.
- 5 und 6 müssen permanent miteinander die Spielsituation besprechen – bleibt 6 vorne und 5 übernimmt 5 oder sinkt 6 wieder nach hinten in den Verbund?

2. 5:1-Abwehr

Nr. 48	Arbeit Vorne-Mitte in einer 5:1-Abwehr	8	★★
Benötigt: Je 4er-Gruppe 2 Stangen und 2 Bälle			

Aufbau:
- Die Spieler bilden 4er-Gruppen; jede 4er-Gruppe hat zwei Bälle.
- Pro Gruppe mit zwei Stangen den Zielkorridor und mit einem Hütchen die Startposition des Angreifers markieren.

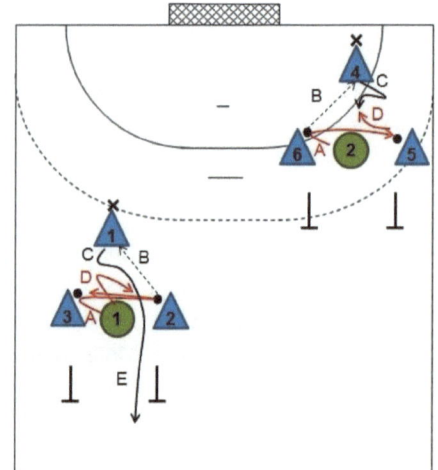

Ablauf:
- Ein Spieler jeder Gruppe startet als Angreifer am Hütchen, ein Spieler startet in der Abwehr, die anderen beiden postieren sich mit Ball rechts und links vom Abwehrspieler.
- 2 und 3 präsentieren abwechselnd den Ball für 1 (dabei in der Höhe variieren). 1 pendelt zwischen 2 und 3 hin und her und berührt jeweils den präsentierten Ball (A).
- Nach einigen Aktionen (max. 5–6) passt 2 oder 3 seinen Ball zu 1 (B).
- 1 berührt mit Ball das hintere Hütchen und startet dann in die 1gegen1-Aktion gegen 1 (C), mit dem Ziel, durch das Stangentor zu laufen (E).
- Sobald 1 bemerkt, dass der Ball gepasst wurde, versucht er, im 1gegen1 den Durchbruch von 1 zu verhindern (D).
- 1 spielt neun Aktionen in der Abwehr, die anderen Spieler wechseln im Uhrzeigersinn die Position, sodass 1 dreimal gegen jeden Angreifer verteidigt.
- Dann wechselt ein neuer Spieler in die Abwehr und der Ablauf wiederholt sich.
- Die weiteren 4er-Gruppen führen den Ablauf parallel durch.

⚠️ 1 muss beim Pendeln immer aufmerksam beobachten, ob ein Ball zu 1 gepasst wird und dann sofort in die Folgeaktion starten.

⚠️ 1 soll nach Erhalt des Passes zunächst deutlich das hintere Hütchen mit dem Ball berühren und erst dann in die 1gegen1-Aktion gehen.

| Nr. 49 | Arbeit im Mittelblock einer 5:1-Abwehr | 11 | ★★★ |

Benötigt: 2 Stangen, ausreichend Bälle

Grundablauf:
- Es wird im 4gegen4 gespielt.
- Auf den Außenpositionen steht jeweils ein Anspieler zur Verfügung.
- Jede 4er-Gruppe spielt 10-mal in der Abwehr gegen wechselnde Angreifer.
- Welche Abwehrreihe bekommt die wenigsten Tore?

Ablauf 1: Der Kreisläufer positioniert sich immer in der Mitte zwischen den Abwehrspielern ① und ④:

- Abwehrbewegung beim Pass von ③ zu ④ (A):
- ④ tritt der Stoßbewegung von ④ leicht entgegen (B) und verteidigt gegen ④.
- ② schirmt ⑥ gegen einen Pass ab (C).
- ① rutscht nach innen und unterstützt ② in der Abwehrarbeit gegen ⑥ (D).
- ③ verdichtet etwas nach innen (E), um den Durchbruch von ④ in die Mitte optisch zuzustellen und das Passspiel von Rückraum rechts zu Rückraum links zu erschweren.

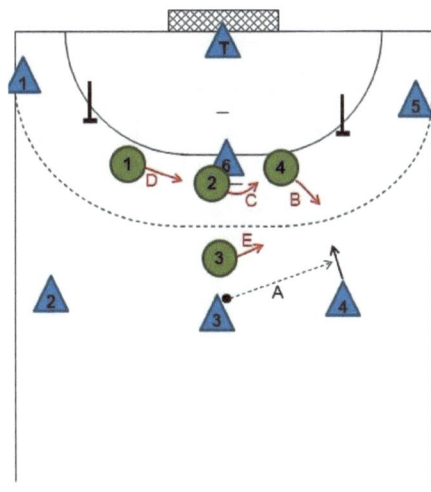
(Bild 1)

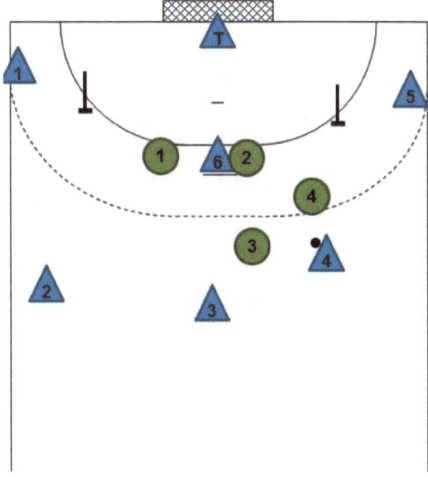
(Bild 2)

Ablauf 2: Der Kreisläufer positioniert sich deutlich auf einer Seite:

- Abwehrbewegung beim Pass von ③ zu ④ (F):
- ② tritt etwas heraus, um einen Durchbruch von ④ zur Mitte zu verhindern (G), ④ schirmt den Kreisläufer gegen einen Pass ab (H).
- ① rutscht nach innen und unterstützt ② in der Abwehrarbeit (K).
- ③ verdichtet etwas nach innen (J), um den Durchbruch von ④ in die Mitte optisch zuzustellen und das Passspiel von Rückraum rechts zu Rückraum links zu erschweren.

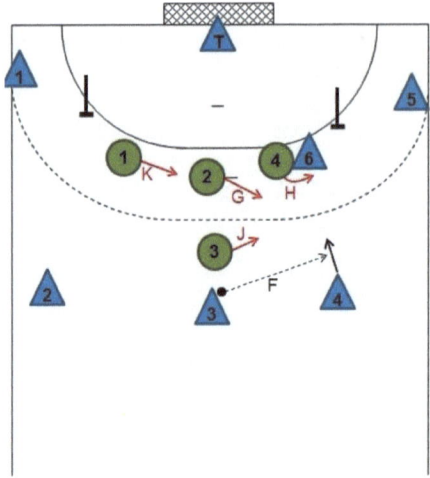
(Bild 3)

⚠️ ④ darf sich vom Kreisläufer nicht nach außen sperren lassen. Sollte ④ den Durchbruch nach rechts suchen, muss ④ gegen diesen verteidigen und ② übernimmt wieder den Kreisläufer.

⚠️ ② und ④ müssen das Spiel gegen den Kreisläufer permanent absprechen.

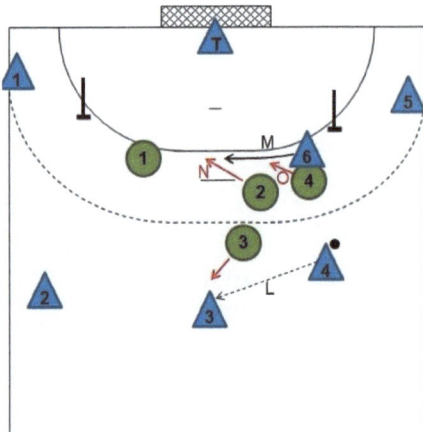
(Bild 4)

Erweiterung:
- Es wird im 6gegen6 gespielt. Dafür kommen zwei Abwehrspieler hinzu und auch die Außenangreifer dürfen aktiv ins Spiel eingreifen.
- Zunächst halten die Außenspieler die Position, erst im Laufe des Spiels darf auch eingelaufen werden.

| Nr. 50 | 5:1-Abwehr mit offensiven Gegenaußen im 5gegen5 | 11 | ★★★ |

Benötigt: 2 Hütchen, 1 Ball

Aufbau:
- Mit zwei Hütchen die Kreisposition markieren.

Ablauf 1:
- Der Ball wird zunächst einige Male von links nach rechts (A, B, E und G) und von rechts nach links durchgespielt und die Laufwege der Abwehr werden geübt (Bild 1).
- Während des Passes von ② zu ③ (B), zieht sich ② an den 6-Meter-Kreis zurück und orientiert sich wieder in Richtung Außen (C). ④ und ⑤ schieben beim Pass von ③ zu ④ (E) auf die linke Seite (D).
- ① tritt auf der ballfernen Seite nach vorne und postiert sich offensiv zwischen Halb und Außen (F).

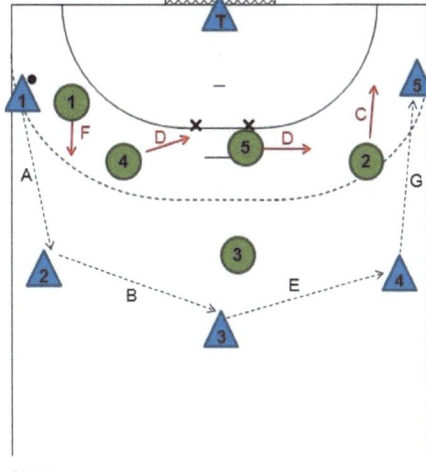

(Bild 1)

Ablauf 2:
- Der Ablauf wird um einen weiten Pass im Rückraum und anschließendes freies Spiel erweitert.
- Beim Pass von ⑤ zu ④ (H) kann ③ den Passweg zur Mitte verstellen (J) und so den langen Pass (K) provozieren.
- ① kann versuchen, den Pass direkt abzufangen (nicht im Bild). Sollte dafür der Weg zu weit sein, tritt ① dem Angreifer (②) entgegen und verhindert im 1gegen1 (L) einen Durchbruch von ② (M).

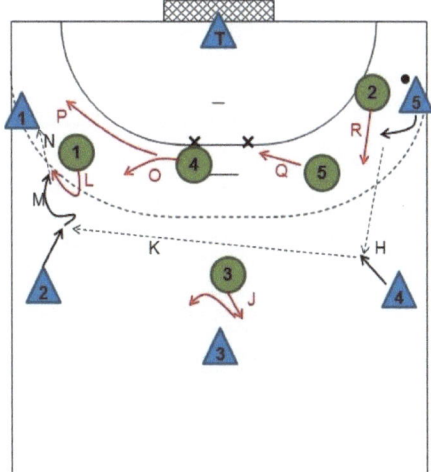

(Bild 2)

- ④ muss die Situation lesen und entweder gegen einen Durchbruch zur Mitte helfen (O) oder – sollte ② zu ① weiterpassen (N) – auf der Außenposition aushelfen (P)
- ⑤ schiebt mit dem Pass auf die rechte Abwehrseite (Q), ② postiert sich auf der ballfernen Seite offensiv (R).

⚠ Die Angreifer sollen immer wieder den langen Pass spielen, sodass die Außenspieler das Timing des Herauslaufens, das Abfangen des Balles und die 1gegen1-Aktionen trainieren können.

| Nr. 51 | 5:1-Abwehr mit offensiven Gegenaußen im 6gegen6 | 13 | ★★★ |

Benötigt: 1 Ball

Ablauf:

- Es wird im 6gegen6 gespielt.
- Dabei deckt die Abwehr im 5:1 mit offensivem Heraustreten des Außenspielers auf der ballfernen Seite (F).
- Läuft der Ball von links nach rechts (A, B, E, und G), zieht sich der zu Beginn offensiv stehende ⑤ nach hinten in die Außenabwehr zurück (D). ④, ③ und ② verdichten auf die linke Abwehrseite (C), ① tritt auf der ballfernen Seite offensiv heraus (F).

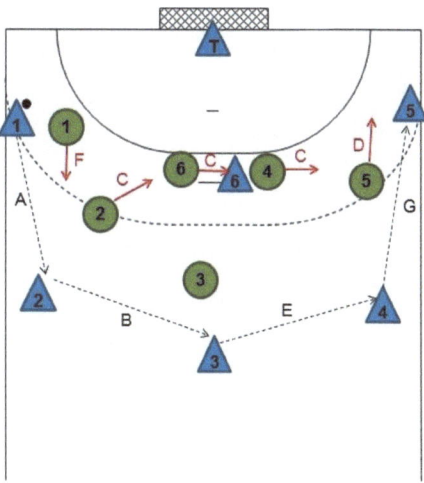

(Bild 1)

- Wird ein langer Pass im Rückraum gespielt (H), fängt ① entweder den Ball ab (J) oder tritt dem Angreifer (②) entgegen und bekämpft den Durchbruchversuch (K) im 1gegen1 (L).
- ② beobachtet das Spiel und schiebt bei Bedarf nach außen (M), um bei einem Abspiel nach außen den freien Wurf zu verhindern.
- Die Angreifer spielen 10 Angriffe, dann ist Aufgabenwechsel.
- Welche Mannschaft erzielt mehr Tore?

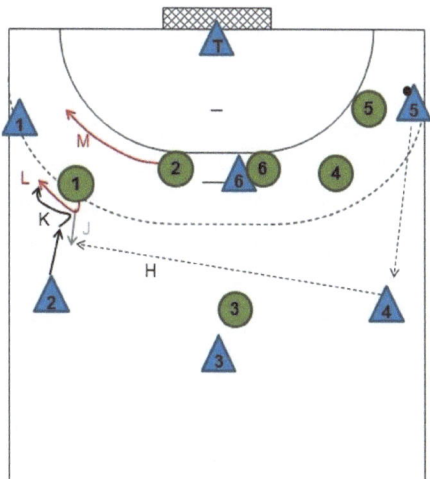

(Bild 2)

3. 3:2:1 Abwehr

Nr. 52	Vorübung zur 3:2:1-Abwehr im 3gegen3	10	★★
Benötigt: 4 Fahnenstangen, Ballkiste mit ausreichend Bällen			

Aufbau:
- Vier Stangen (Hütchen) wie im Bild aufstellen.

Ablauf:

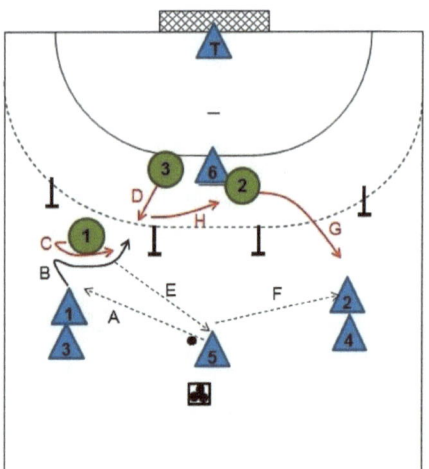

- ▲1, ▲2 und ▲6 spielen im 3gegen3 gegen ●1, ●2 und ●3; ●5 dient als Anspieler.
- Beim Pass von ●5 zu ▲1 (A) tritt ●1 heraus und bekämpft (C) eine eventuelle 1gegen1-Aktion (B) von ▲1.
- ●3 verdichtet und hilft (D) bei einem Durchbruch von ▲1, ●2 verhindert einen Pass zu ▲6 am Kreis.
- Läuft der Ball über ●5 (E) auf die andere Seite zu ▲2 (F), tritt ●2 auf ▲2 heraus (G), ●3 verschiebt hinter ●2 (H) und verdichtet wieder und ●1 zieht sich sofort an den Kreis zurück, um den Kreisläufer abzudecken.
- Nach einigen Aktionen die Abwehrspieler wechseln.

⚠ Die Abwehrspieler sollen deutlich auf den Ballhalter heraustreten.

⚠ Nach der Abwehraktion sollen sich die Abwehrspieler sofort neu orientieren und zur Ballseite verdichten.

Training für defensive und halboffensive Abwehrkooperationen im Handball
60 Übungen – Vom 1gegen1 über die Kleingruppe bis zur Abwehr im Team

Nr. 53	Vorübung zur 3:2:1-Abwehr im 4gegen4	8	★★

Benötigt: 2 Fahnenstangen, Ballkiste mit ausreichend Bällen

Aufbau:
- Mit zwei Stangen das Spielfeld begrenzen.

Ablauf:
- ①, ②, ③ und ⑥ spielen im 4gegen4 gegen ①, ② und ③ und ④.
- Beim Pass von ③ zu ① (A) tritt ① deutlich heraus und bekämpft (C) eine eventuelle 1gegen1-Aktion (B) von ①.
- ③ verdichtet und hilft (D) bei einem Durchbruch von ①, ② verhindert einen Pass zu ⑥ am Kreis und ④ verdichtet ebenfalls etwas in Richtung Ballseite.
- Läuft der Ball zurück zu ③ (E), tritt ④ deutlich auf ③ heraus (F).
- Beim Pass von ③ zu ② (G), tritt ② auf ② heraus (H), ③ verschiebt auf die Ballseite und verdichtet hinter ② (J), ① zieht sich an den Kreis zurück (K) und hilft bei der Abwehr gegen ⑥ am Kreis und ④ verdichtet wiederum in Richtung Ballseite (L).
- Der Angriff spielt 10 Angriffe, dann ist Aufgabenwechsel. Im ersten Durchgang wird noch ohne Kreuzen und Einlaufen gespielt, in weiteren Durchgängen nach und nach Kreuzen und Einlaufen im Angriff erlauben.

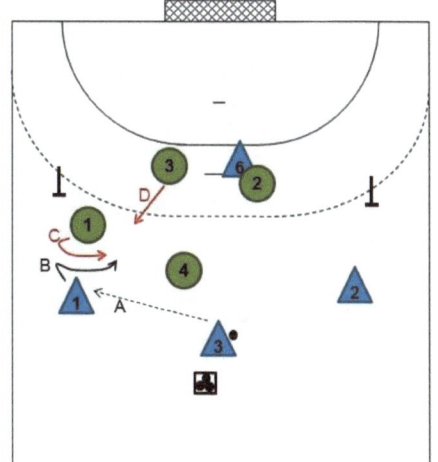
(Bild 1)

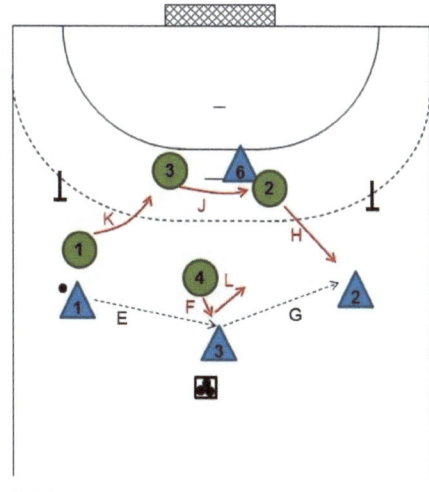
(Bild 2)

⚠ Die Abwehrspieler sollen deutlich auf den Ballhalter heraustreten.

⚠ Nach der Abwehraktion sollen sich die Abwehrspieler sofort neu orientieren und zur Ballseite verdichten.

| Nr. 54 | Vorübung Einläufer aus dem Rückraum und Übergang auf 4:2 | 12 | |

Benötigt: 2 Hütchen, Ballkiste mit ausreichend Bällen

Aufbau:
- Das Spielfeld am 6-Meter-Kreis mit Hütchen begrenzen.

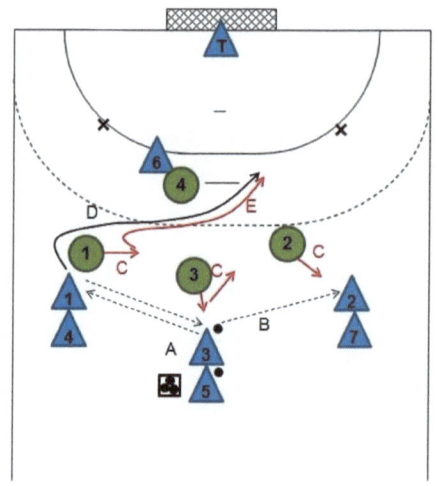

Ablauf:
- Es wird im 4gegen4 gespielt.
- Zunächst passen sich die Spieler im Rückraum den Ball (A und B).
- Die Abwehr führt die 3:2:1-Regelbewegungen durch (Heraustreten auf den Ballhalter und verdichten zur Ballseite (C)).
- 4 steht immer zwischen Ballhalter und Kreisläufer und verhindert so einen Pass zum Kreis.
- Irgendwann läuft einer der Rückraumspieler ein (D) (hier 1).
- Der direkte Gegenspieler 1 begleitet den Einläufer (E) und verhindert ein Anspiel.
- Anschließend wird bis zum Torabschluss oder Ballgewinn durch die Abwehr mit zwei Spielern am Kreis frei weitergespielt.
- Nach der Aktion starten die nächsten drei Rückraumspieler mit dem nächsten Angriff.

⚠ Beim Einlaufen sollen die Abwehrspieler den Einläufer zunächst begleiten und sich dann am Kreis mit 4 absprechen, vor allem, wenn die Kreisläufer die Position tauschen.

⚠ Abwehrspieler regelmäßig wechseln.

| Nr. 55 | 3:2:1-Abwehr mit Übergang auf 4:2 bei Einläufer | 13 | ★★★ |

Benötigt: Ballkiste mit ausreichend Bällen

Ablauf 1 (Bild 1):

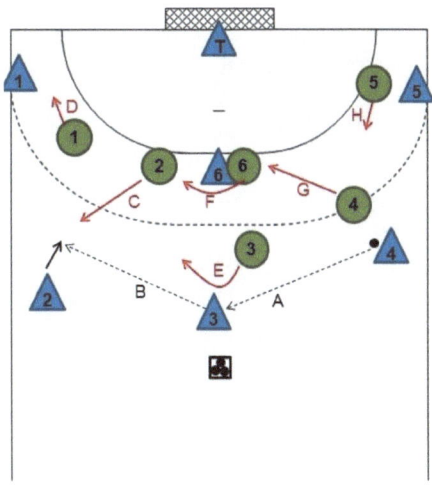

(Bild 1)

- Es wird im 6gegen6 gespielt.
- Die angreifende Mannschaft spielt 10 Angriffe.
- Die Abwehr spielt eine 3:2:1-Abwehr:
- Läuft der Ball von Rückraum rechts zu Rückraum links (A, B), tritt ② auf ▲2 heraus (C) und bekämpft ihn aktiv.
- ①, der vorher etwas eingerückt war, verschiebt ebenfalls wieder nach links (D).
- ③ tritt zunächst auf RM heraus und verdichtet dann zur anderen Seite (E).
- ⑥ verdichtet zur Ballseite (F) und sichert den Kreisläufer gegen einen Pass ab.
- ④ zieht sich an die 6-Meter-Linie zurück (G) und hilft bei der Abwehrarbeit gegen den Kreisläufer.
- ⑤ verdichtet etwas nach innen vorne (H).
- Der Angriff spielt frei, zunächst allerdings ohne Einläufer.
- Nach 10 Angriffen werden die Aufgaben gewechselt. Welche Mannschaft erzielt mehr Tore?

Ablauf 2 (Bild 2):

- Es wird im 6gegen6 gespielt.
- Vorgabe für die Abwehr: 3:2:1-Deckung mit Übergang auf 4:2, wenn ein Spieler einläuft (A und C).
- Vorgabe für den Angriff: Vor jedem Tor muss mindestens ein Spieler an den Kreis einlaufen (B).
- Der Angriff spielt 10 Angriffe, jedes Tor ergibt einen Punkt. Bei einem direkten Ballgewinn durch die Abwehr (Herausfangen des Balles) wird ein Punkt abgezogen.
- Nach 10 Angriffen ist Aufgabenwechsel.
- Welches Team erzielt mehr Punkte?

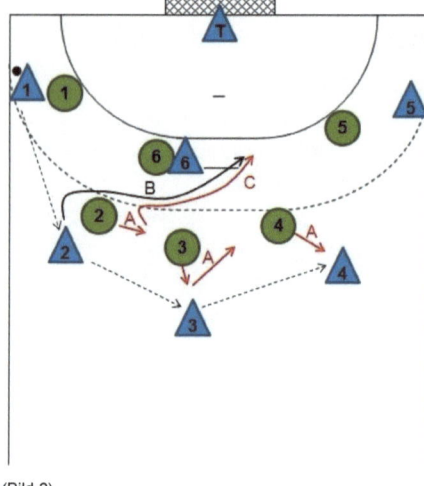

(Bild 2)

⚠ Läuft ein Rückraumspieler ein, wird er vom Gegenspieler an den Kreis begleitet. Die Abwehr verteidigt dann in einer 4:2-Abwehr weiter; die Abwehr gegen die Kreisläufer muss permanent abgesprochen werden.

Nr. 56	3:2:1-Abwehr ohne Übergang auf 4:2 bei Einläufer – Vorübung im 3gegen3	11	

Benötigt: 4 Hütchen, Ballkiste mit ausreichend Bällen

Grundaufbau:
- Spiel 3gegen3.
- Auftaktvorgabe für den Angriff: RM passt zu RL oder RR und versucht, entgegen der Passrichtung an den Kreis überzugehen.

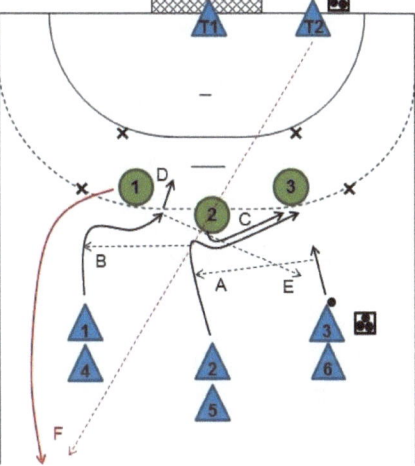

Ablauf:
- 3️⃣ stößt an und passt 2️⃣ den Ball in den Lauf (A).
- 2️⃣ stößt etwas nach links und spielt 1️⃣ den Ball in den Lauf (B). Nach diesem Pass läuft 2️⃣ dynamisch gegen die Passrichtung und versucht, an 2️⃣ vorbei an den Kreis zu kommen.
- 2️⃣ stellt sich quer und hindert 2️⃣ mit aktiver Armarbeit am Übergehen (C). 2️⃣ bleibt vorne und übergibt (schiebt) 2️⃣ zu 3️⃣.
- 1️⃣ kann nun entscheiden, ob er im 1gegen1 versucht, an 1️⃣ vorbei zu gehen (D), oder ob er den Ball zu 3️⃣ spielt (E).
- Der Angriff soll danach kreativ weiterspielen und den Abschluss suchen.
- Gelingt es den Abwehrspielern, den Ball abzufangen oder den Angreifer mit Ball festzumachen, wechseln die Aufgaben.
- 1️⃣, 2️⃣ und 3️⃣ starten sofort in den Konter und sprinten über die Mittellinie. Der Spieler, der am weitesten vorne ist (am optimalsten läuft), bekommt vom Torhüter den Ball gespielt und schließt mit Wurf ab (F).
- 1️⃣, 2️⃣ und 3️⃣ werden zu neuen Abwehrspielern.

Variation:
- Im Wechsel von links oder von rechts anfangen.

⚠️ 2️⃣ muss 2️⃣ querstehend annehmen, um das Durchbrechen zu verhindern.

⚠️ Mit Armeinsatz 2️⃣ zur Seite wegschieben/wegdrücken.

| Nr. 57 | 3:2:1-Abwehr ohne Übergang auf 4:2 bei Einläufer – 4gegen4 | 9 | ★★★ |

Benötigt: 4 Hütchen, Ballkiste mit ausreichend Bällen

Aufbau:
- Mit Hütchen den Spielsektor abgrenzen.

Ablauf (Bild 1):
- Auftakthandlung wie in der Übung zuvor (A). 2 passt den Ball zu 1 (B) und versucht, gegen die Passrichtung an den Kreis überzugehen.
- 2 blockiert ihn durch eine deutliche Querstellung und Zustellen des Laufweges (C).
- 4 übernimmt dabei die Absicherung von 4 (D).

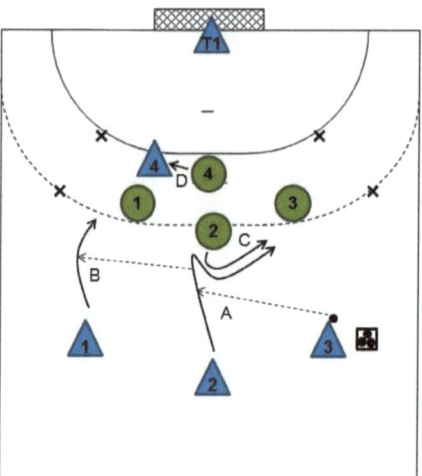
(Bild 1)

Weiterer Ablauf (Bild 2):
- Gelingt es 2, an den Kreis überzugehen (Ballbesitz 1), nimmt die Abwehr folgende Stellung ein:
  - 1 tritt auf 1 heraus (E).
  - 4 übernimmt 4.
  - 2 schirmt den Diagonalpass zu 2 ab, deutlich mit erhobenen Händen im Passweg stehend (F).
  - 3 steht im Halbfeld.

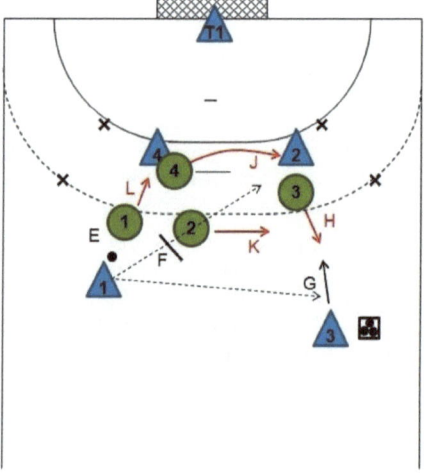
(Bild 2)

- Passt ① zu ③ (G), stellt sich die Abwehr um:
    - ③ tritt deutlich auf ③ heraus (H).
    - ④ übernimmt mit schnellen Schritten ② (J).
    - ② verschiebt seitlich und verstellt wiederum den Diagonalpass an den Kreis (K).
    - ① sinkt nach hinten und schirmt den Raum ab (L).

Vorgabe für den Angriff:
- Ein Rückraumspieler geht nach dem Pass gegen die Passrichtung an den Kreis über.

Wettkampf:
- Nach jedem Angriff wechseln die Mannschaften. Erzielt die angreifende Mannschaft zuvor ein Tor, erhält sie einen Punkt. Wer hat zuerst drei Punkte?
- Die Verlierermannschaft macht z. B. 10 Hampelmänner und zwei Sprints über das ganze Feld.

4. 4:2-Abwehr

| Nr. 58 | Laufwege vordere Abwehrreihe | 10 | ★★★ |

Benötigt: 1 Ball, 2 Pommes (Schaumstoffbalken)

Aufbau:
- Schaumstoffbalken wie im Bild auslegen.

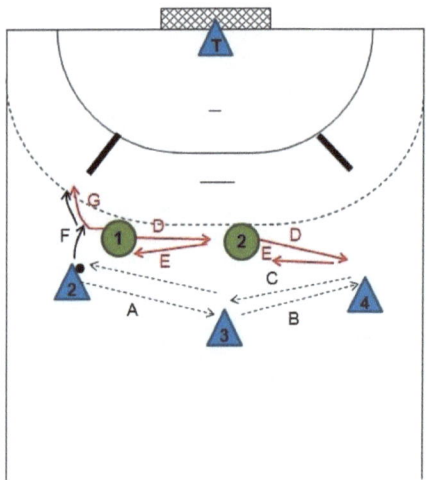

Ablauf:
- ① und ② decken offensiv gegen die drei Angreifer.
- ②, ③ und ④ passen den Ball von links nach rechts und wieder zurück (A, B und C). Zu Beginn sind keine Pässe über zwei Stationen und keine Rückpässe erlaubt.
- ① und ② verschieben mit schnellen Schritten mit dem Ball (D und E).
- Versucht ein Spieler, durchzubrechen (F), drängen ① und ② ihn so weit wie möglich nach außen ab (G).
- Die Rückraumspieler dürfen alle ein Tor erzielen, allerdings nicht kreuzen oder an den Kreis einlaufen (der Pass muss immer außerhalb der 9-Meter-Linie erfolgen)
- Nach einigen Aktionen die Abwehrspieler austauschen.
- Nach und nach auch Rückpässe und später Pässe von Rückraum rechts zu Rückraum links und umgekehrt zulassen.

⚠️ ① und ② müssen schnell verschieben und das richtige Timing finden, um die Rückraumspieler zuverlässig nach außen abdrängen zu können und den Mittelspieler am Durchbruch zu hindern.

| Nr. 59 | Laufwege vordere Abwehrreihe und offensiver Gegenaußen | 10 | ★★★ |

Benötigt: 1 Ball

Ablauf:
- Die Angreifer passen den Ball von links nach rechts (A bis D) und wieder zurück.
- Jeder Angreifer darf ein Tor erzielen, Kreuzen und Übergänge an den Kreis sind jedoch nicht erlaubt.
- ② und ③ decken offensiv gegen die drei Rückraumspieler, verschieben mit dem Ball (C) und verhindern Durchbrüche im Rückraum.
- Die beiden Außenabwehrspieler (① und ④) bewegen sich auf der ballfernen Seite nach vorne in den Raum (F), und ziehen sich, wenn der Ball auf ihre Seite kommt, auf ihre Außenposition zurück (E), um im 1gegen1 gegen die Außenspieler verteidigen zu können.
- Befindet sich der Ball auf der Außenposition, versuchen ② und ③, die Pässe zur benachbarten Rückraumposition und zu Rückraum Mitte zuzustellen (G) und so den langen Pass auf die andere Seite zu erzwingen (H).
- Der hoch stehende Außenabwehrspieler (①) fängt diesen Ball ab (J).
- Nach einigen Aktionen die Abwehrspieler wechseln.

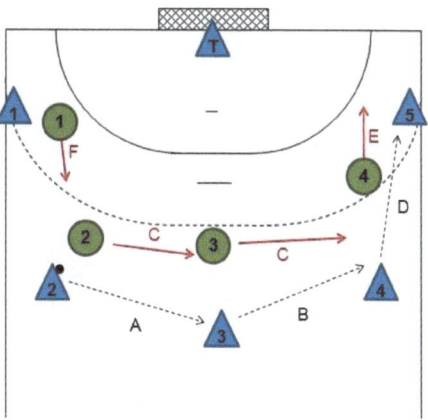

(Bild 1)

(Bild 2)

(Bild 3)

| Nr. 60 | 4:2-Abwehr im Team | 13 | ★★★ |

Benötigt: 1 Ball

Ablauf 1 - Regelbewegungen:

- Der Ball wird im Angriff von rechts nach links (A bis D) und zurück gespielt. Auch Kreisanspiele, Rückpässe und Pässe über mehrere Stationen sind jetzt erlaubt.
- 2 und 3 decken offensiv gegen die drei Rückraumspieler, verschieben mit dem Ball (C) und verhindern Durchbrüche im Rückraum.
- Die beiden Außenabwehrspieler bewegen sich auf der ballfernen Seite nach vorne in den Raum (H) und ziehen sich, wenn der Ball auf ihre Seite kommt, auf ihre Außenposition zurück (E), um im 1gegen1 gegen die Außenspieler verteidigen zu können.

(Bild 1)

- 4 und 6 verschieben auf die Ballseite, um bei einem eventuellen Durchbruch des Rückraums oder Außenspielers zu helfen (F) und sprechen sich ab, wer den Kreisläufer abdeckt (G).
- Befindet sich der Ball auf der Außenposition, versuchen 2 und 3, die Passwege zur benachbarten Rückraumposition und zu Rückraum Mitte zuzustellen (J) und so den langen Pass auf die andere Seite zu erzwingen (K).
- Der hoch stehende Außenabwehrspieler (1) fängt diesen Ball ab (L).

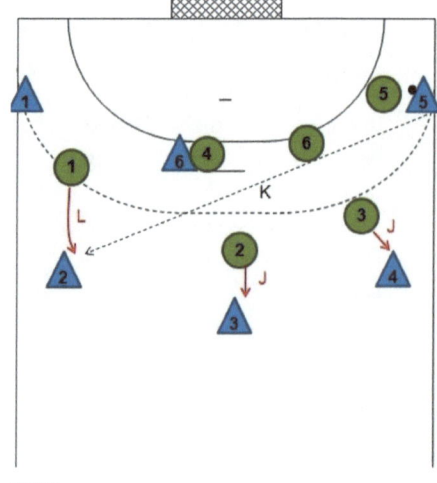

(Bild 2)

Ablauf 2:
- Jeder Angreifer darf versuchen, ein Tor zu erzielen.
- Die Angreifer stoßen torgefährlich, gehen ins 1gegen1 und spielen Parallelpässe.
- Die Abwehr versucht, über die 4-2-Bewegungen Tore zu verhindern und den Angriff zu Fehlern zu zwingen.

Ablauf 3:
- Kreuzen und Übergänge an den Kreis sind für den Angriff zusätzlich erlaubt.
- Die Abwehr versucht, diese Sondersituationen zu lösen.

Anmerkung des Autors

1995 überredete mich ein Freund, mit ihm zusammen das Handballtraining einer männlichen D-Jugend zu übernehmen.

Dies war der Beginn meiner Trainertätigkeit. Daraufhin fand ich Gefallen an den Aufgaben eines Trainers und stellte stets hohe Anforderungen an die Art meiner Übungen. Bald reichte mir das Standardrepertoire nicht mehr aus und ich

begann, Übungen zu modifizieren und mir eigene Übungen zu überlegen.

Heute trainiere ich mehrere Jugend- und Aktivmannschaften in einem breit gefächerten Leistungsspektrum und richte meine Trainingseinheiten gezielt auf die jeweilige Mannschaft aus.

Seit einigen Jahren vertreibe ich die Übungen über meinen Onlineshop handball-uebungen.de. Da die Tendenz im Handballtraining, vor allem im Jugendbereich, immer mehr in Richtung einer allgemeinen sportlichen Ausbildung mit koordinativen Schwerpunkten geht, eignen sich viele Spiele und Spielformen auch für andere Sportarten.

Lassen Sie sich inspirieren von den verschiedenen Spielideen und bringen Sie auch Ihre eigene Kreativität und Erfahrung ein!

Eckpunkte meiner Trainerlaufbahn
- seit Juli 2012: Inhaber der DHB A-Lizenz
- seit November 2011: Buchautor (handall-uebungen.de, Handball Praxis und Handball Praxis Spezial)
- 2008-2010: Jugendkoordinator und Jugendtrainer bei der SG Leutershausen
- seit 2006: Inhaber der Trainer-B-Lizenz

Ihr
Jörg Madinger

Weitere Fachbücher des Verlags DV Concept

Von A wie Aufwärmen bis Z wie Zielspiel – 75 Übungsformen für jedes Handballtraining

Ein abwechslungsreiches Training erhöht die Motivation und bietet immer wieder neue Anreize, bekannte Bewegungsabläufe zu verbessern und zu präzisieren. In diesem Buch finden Sie Übungen zu allen Bereichen des Handballtrainings – vom Aufwärmen über Torhüter einwerfen bis hin zu gängigen Inhalten des Hauptteils und Spielen zum Abschluss, die Sie in ihrem täglichen Training mit Ihrer Handballmannschaft inspirieren sollen. Alle Übungen sind bebildert und in der Ausführung leicht verständlich beschrieben. Spezielle Hinweise erläutern, worauf Sie achten müssen.

Insgesamt gliedert sich das Buch in die folgenden Themenschwerpunkte:

Erwärmung:
- Grunderwärmung
- Kleine Spiele zur Erwärmung
- Sprintwettkämpfe
- Koordination
- Ballgewöhnung
- Torhüter einwerfen

Grundübungen, Grund- und Zielspiele:
- Angriff/Wurfserien
- Angriff allgemein
- Schnelle Mitte
- 1. und 2. Welle
- Abwehraktionen
- Abschlussspiele
- Ausdauer

Am Ende finden Sie dann noch eine komplette methodisch ausgearbeitete Trainingseinheit. Ziel der Trainingseinheit ist das Verbessern des Wurfs und der Wurfentscheidung unter Druck.

Mini- und Kinderhandball (5 Trainingseinheiten)

Mini- bzw. Kinderhandball unterscheidet sich grundlegend vom Training höherer Altersklassen und erst recht vom Handball in Leistungsbereichen. Bei diesem ersten Kontakt mit der Sportart „Handball" sollen die Kinder an den Umgang mit dem Ball herangeführt werden. Es soll der Spaß an der Bewegung, am Sporttreiben, am Spiel miteinander und auch am Wettkampf gegeneinander vermittelt werden.

Das vorliegende Buch führt zunächst kurz in das Thema und die Besonderheiten des Mini- und Kinderhandballs ein und zeigt dabei an einigen Beispielübungen Möglichkeiten auf, das Training interessant und abwechslungsreich zu gestalten.

Im Anschluss folgen fünf komplette Trainingseinheiten in verschiedenen Schwierigkeitsgraden mit Hauptaugenmerk auf den Grundtechniken im Handball (Prellen, Passen, Fangen, Werfen und Abwehren im Spiel gegeneinander). Hier wird spielerisch in die späteren handballspezifischen Grundlagen eingeführt, wobei auch die generelle Bewegungserfahrung und die Ausprägung von koordinativen Fähigkeiten besondere Beachtung findet.

Die Übungen sind leicht verständlich durch Text und Übungsbild erklärt und können in jedes Training direkt integriert werden. Durch verschiedene Variationen können die Trainingseinheiten im Schwierigkeitsgrad an die jeweilige Trainingsgruppe angepasst werden. Sie sollen auch Ideen bieten, die Übungen zu modifizieren und weiterzuentwickeln, um das Training immer wieder neu und abwechslungsreich zu gestalten.

Passen und Fangen in der Bewegung – 60 Übungsformen für jedes Handballtraining

Passen und Fangen sind zwei Grundtechniken im Handball, die im Training permanent trainiert und verbessert werden müssen. Die vorliegenden 60 praktischen Übungen bieten viele Varianten, um das Passen und Fangen anspruchsvoll und abwechslungsreich zu trainieren. Ein besonderer Fokus liegt dabei darauf, die Sicherheit beim Passen und Fangen auch in der Bewegung mit hoher Dynamik zu verbessern. Deshalb werden die Übungen mit immer neuen Laufwegen und spielnahen Bewegungen gekoppelt.

Die Übungen sind leicht verständlich durch Text und Übungsbild erklärt und können in jedes Training direkt integriert werden. Durch verschiedene Schwierigkeitsgrade und Komplexitätsstufen kann für jede Altersstufe das Passen und Fangen passend gestaltet werden.

Effektives Einwerfen der Torhüter – 60 Übungsformen für jedes Handballtraining

Das Einwerfen der Torhüter ist in nahezu jedem Training notwendiger Bestandteil. Die vorliegenden 60 Übungen zum Einwerfen bieten hier verschiedene Ideen, um das Einwerfen sowohl für die Torhüter als auch für die Feldspieler anspruchsvoll und abwechslungsreich zu gestalten. Ein besonderer Fokus liegt dabei darauf, schon beim Einwerfen die Dynamik der Spieler zu verbessern.

Die Übungen sind leicht verständlich durch Text und Übungsbild erklärt und können in jedes Training direkt integriert werden. Ob gekoppelt mit koordinativen Zusatzübungen oder vorbereitend für Inhalte des Hauptteils, kann für jedes Training und durch verschiedene Schwierigkeitsstufen für jede Altersstufe das Einwerfen passend gestaltet werden.

Koordinatives Handballtraining mit unterschiedlichen Geräten
6 abwechslungsreiche Trainingseinheiten mit 44 Einzelübungen

Sechs verschiedene handballspezifische Themen werden in sechs Trainingseinheiten bearbeitet. Diese zeichnen sich dadurch aus, dass jeweils ein in der Halle vorhandenes Kleingerät oder ein gängiges Spielgerät (Würfel oder Kartenspiel) den Rahmen der Trainingseinheit bildet. Kombiniert mit dem gängigen Hallenequipment werden hierdurch die handballerischen Inhalte immer wieder mit neuen Anforderungen gekoppelt, sodass das Training abwechslungsreich gestaltet werden kann. Ob mit einem Kartenspiel, einem Würfel, Luftballons, Leibchen, kleinen Turnmatten oder Turnreifen – stets zeigt sich die Vielfältigkeit der Geräte in den gesammelten Übungen. Die Trainingseinheiten sollen so zu Kreativität und eigenen Ideen anregen und viele Beispiele zeigen, wie sich mit einfachen Hilfsmitteln wiederkehrende Inhalte immer wieder neu verpacken lassen und so der Spaß im Training erhöht wird.

Wettkampfspiele für das tägliche Handballtraining – 60 Übungsformen für jede Altersstufe

Handball lebt von schnellen und richtig getroffenen Entscheidungen in jeder Spielsituation. Dies kann im Training spielerisch und abwechslungsreich durch handballnahe Spiele trainiert werden. Die vorliegenden 60 Übungsformen sind in sieben Kategorien unterteilt und schulen die Spielfähigkeit.

Das Buch beinhaltet die folgenden Kategorien:
- Parteiball-Varianten
- Mannschaftsspiele auf verschiedene Ziele
- Fangspiele
- Sprint- und Staffelspiele
- Wurf- und Balltransportspiele
- Sportartübergreifende Spiele
- Komplexe Spielformen für das Abschlussspiel

Die Spiele sind leicht verständlich durch Text und Übungsbild erklärt und können in jedes Training direkt integriert werden. Durch verschiedene Schwierigkeitsstufen, zusätzliche Hinweise und Variationsmöglichkeiten können sie für jede Altersstufe angepasst gestaltet werden.

Taschenbücher aus der Reihe Handball Praxis (jeweils fünf Trainingseinheiten)

Handball Praxis 1 – Handballspezifische Ausdauer

Handball Praxis 2 – Grundbewegungen in der Abwehr

Handball Praxis 3 – Erarbeiten von Auslösehandlungen und Weiterspielmöglichkeiten

Handball Praxis 4 – Intensives Abwehrtraining im Handball

Handball Praxis 5 – Abwehrsysteme erfolgreich überwinden

Handball Praxis 6 – Grundlagentraining für E- und D-Jugendliche

Handball Praxis 7 – Handballspezifisches Ausdauertraining im Stadion und in der Halle

Handball Praxis 8 – Spielfähigkeit durch Training der Handlungsschnelligkeit

Handball Praxis 9 – Grundlagentraining der Altersklasse 9 bis 12 Jahre

Handball Praxis 10 – Moderner Tempohandball: Schnelles Umschalten in die 1. und 2. Welle

Handball Praxis 11 – Ganzheitliches und abwechslungsreiches Athletiktraining

Handball Praxis 12 – D-Jugend-Training: Von der Mann- zur Raumdeckung – Kooperationen im Angriff und Abwehroptionen dagegen

Handball Praxis 13 – Koordinatives Angriffstraining für kleine Trainingsgruppen von vier bis sechs Spielern

Handball Praxis 14 – Zusammenspiel von Rückraum und Kreisläufer – Verlagern, Sperren und Absetzen

Handball Praxis Spezial 1 – Schritt für Schritt zur 3-2-1-Abwehr (6 Trainingseinheiten)

Handball Praxis Spezial 2 – Schritt für Schritt zum erfolgreichen Angriffskonzept gegen eine 6-0-Abwehr (6 Trainingseinheiten)

Weitere Handball-Fachbücher und E-Books finden Sie unter
www.handball-uebungen.de

www.ingramcontent.com/pod-product-compliance
Lightning Source LLC
Chambersburg PA
CBHW041802160426
43191CB00001B/16